JN276463

Hideo Funaoi

教師のための情報リテラシー

知識基盤社会を生き抜く力を育てるために

Information Literacy for Teachers

To Cultivate the Ability to Survive in the Knowledge-based Society

まえがき

本書では，読者の情報教育の実践力を高めることを企図して，いくつかの新しい試みがなされています。

まず，「情報活用能力」を深く理解できるようにするために，その三本柱である「情報活用の実践力」「情報の科学的理解」「情報社会に参画する態度」をそれぞれいくつかの要素に分解して，それら諸要素の関連を示しました。三本柱や要素間の結びつきを理解することで，情報活用能力を多面的に捉えることができるでしょう。

次に，情報活用能力をより身近なものとして捉えるために，ややもすれば授業でのICTの活用に限定して考えられがちな情報活用能力を，より広い範囲で捉え直しました。その上で，知識基盤社会を生き抜く市民に必要な力として「広義の情報活用能力」=「情報リテラシー」について考察しています。具体的には，子どもの日常生活の中で自然に情報活用がなされることを，エピソードを通して示すとともに，どのように情報活用がなされるのか，詳細に説明しました。また，教育実践の紹介でも，実践内のそれぞれの活動を通して情報活用能力のどの柱・要素を涵養することが可能であるのかを示しています。

編者はこれまで10年ほど情報教育に関わってきた中で，情報活用能力が皮相的に捉えられがちであること，深く理解すれば普段の生活をより豊かなものにできること，しかしながら，それらを踏まえた書籍が皆無に等しいこと，を感じてきました。子どもたちの情報活用能力を育成するには，教師自身がそれを十二分に理解する必要があります。ですがこれまでの書籍は，それぞれ学ぶべき価値があるものの，情報活用能力を深く理解するといった観点からは，情報活用についての追究が不足していたように思われます。

そうした中，幸いにも今回の執筆の機会を頂き，加藤浩先生を中心とする研究者グループ「梅組」のご助力を頂くとともに，共著者の久保田善彦先生のお陰で，魅力的な教育実践を重ねておられる小中学校の諸先生方にご協力頂きました。その結果，上記の試みを本書としてまとめることができた次第です。

本書を活用した学習を通して，読者の皆さんが教師としての情報リテラシーを身に付けたり，向上させるとともに，そうした実践が子どもたちの成長，ひいては現代社会の発展に寄与することを願ってやみません。

編者
舟生日出男

目次

第１章　情報活用能力を育てる情報教育

1-1　知識基盤社会と情報活用能力

◉高度情報化社会の光と影

近年の情報通信技術（ICT：Information and Communication Technology）は高速な計算能力，膨大な記憶容量，大容量の通信帯域，広大なサービスエリアを実現し，しかもそれは年々安価になってきています。このことは社会や私たちの生活にどのような変化をもたらしたのでしょうか。

ICT の発達により，私たちは多くの恩恵を受けています。しかし，ものごとには良い面があれば，悪い面もあります。ここでは ICT の主な利用目的に沿って，その良い面と悪い面を検討してみましょう。

まずは，人間同士のコミュニケーションの点からその功罪について検討してみます。インターネット以前の連絡手段は，急ぐときには電話か電報，そうでないときには郵便が使われていました。それが電子メールやチャットなどによって，次のような変化が起きました。

《良い面》

- 素早くコミュニケーションできるようになった
- 安価にコミュニケーションできるようになった
- 手軽にコミュニケーションできるようになった
- 簡単に多くの人とコミュニケーションできるようになった
- 映像や写真や音声などマルチメディアでコミュニケーションできるようになった
- 相手との距離の遠近があまり関係なくなった
- 共同で文書をつくるなどの共同作業がやりやすくなった

しかし，同時に次のような問題も明らかになっています。

《悪い面》

- 生活や仕事のペースが早まって，忙しくなった
- すぐに返信しなければならないという強迫観念にとらわれて，携帯電話やスマートフォンなどの通信機器が片時も手放せなくなった
- 否応なしにグローバル化の波に飲み込まれることになった
- 対面でのコミュニケーションよりも，感情的なトラブルが発生しやすくなった
- 交流の幅が広がるに伴い，悪意をもった人ともコミュニケーションする可能性が高まった
- 個人宛の情報と，不特定多数向けの情報との区別がつきにくくなり，おいしい話を装った詐欺などが横行するようになった

●ウィルスやスパイウェアなどのマルウェアが流通するようになって，それらに気をつけなければならなくなった

次に，情報収集の点から検討してみましょう。以前は，情報はテレビや新聞などのマスコミを通して知るか，書店や図書館などで書籍を調べるか，信頼できる人に聞くか，さもなくば自分自身で汗をかいて調べるしかありませんでした。それが，今やGoogleなどの検索エンジンでインターネット上のウェブ（Web，WWW: World Wide Web）やブログ（Blog，Weblog）などを検索することができるようになり，次のように変わりました。

《良い面》
●ありとあらゆる情報がインターネットから入手できるようになった
●無料で入手できる情報が増えた
●タイムリーな情報をすばやく入手できるようになった
●携帯端末によって，どこにいてもその場で直ちに情報が入手できるようになった
●質問やアンケートを投稿すると，他のネット利用者が答えてくれる人力検索などを介して，専門家や経験者に尋ねることも容易になった

しかし，これも良いことばかりではありません。

《悪い面》
●欲しい情報を的確に探し出すことが難しい
●一度に得られる情報が膨大で，その中から必要な情報を取捨選択するが大変である
●誤った情報，偏った情報，古い情報が多く流通しているので，その情報が使えるかどうかを選別しなければならない
●違法な物品の販売や猥褻図画など，犯罪行為を助長するような情報に出会う機会が増えた
●インターネットに頼りきりになって，それが使えない局面に陥るときわめて無力になってしまう

次は情報発信の点から考えてみましょう。以前は，マスコミを通して不特定多数の人に向けて情報発信することができるのは，何らかの権威をもった人や組織だけに限られていました。本を発行することは建前上は誰でも可能でしたが，現実には，多くの部数を印刷して流通ルートに乗せ，多くの人の目に触れさせることができるのは，権威のある執筆者だけに限られていました。それがブログやTwitterなどによって，次のような変化が起きています。

《良い面》
●誰でも世界に向けて情報発信ができるようになった
●気軽かつ簡単に情報発信ができるようになった
●即時的に情報発信できるようになった
●第三者の手を借りることなく，発信者が直接，情報発信できるようになった
●発信者から受信者への情報のパスが短くなった（中継点が減った）

- 発信した情報に対するフィードバックが，直接的かつ即座に得られるようになった
- 情報内容のチェックを受けることなしに，自由に発信できるようになった（一部の国を除く）
- 情報発信者の権威よりも，情報の内容そのものが重要になってきた
- Facebook などの SNS を通して，興味関心を同じくする人や間接的な友人と連帯することが可能になった

その反面，次のような問題点も生じています。

《悪い面》
- 情報の再利用が簡単なので，うっかりと著作権を侵害してしまう可能性が高まった
- 差別的表現，感情的な表現，他者を不愉快にさせる表現など，不適切な表現がそのまま発信されてしまうことが多くなった
- 個人情報が漏れたり，プライバシーが暴かれたり，秘密の情報が第三者によってさらされたりする危険性が高まった
- 自分自身が，うっかりと自分や他者の個人情報を漏らしたり，プライバシーを明らかにしてしまう危険性が高まった（発信した情報の一つひとつは断片的であっても，それを集積することで重要な情報になることがある）
- 私信と公衆送信の区別があいまいなため，私信のつもりの情報が，実は世界に発信されていて，第三者がその内容によって騒動を引き起こすようなことが発生するようになった
- 発信した情報を快く思わない人々が，悪意をもって非難したり，おもしろ半分で騒動をあおる人が現れたりして，「祭り」や「炎上」という現象に発展することがある
- 個人的な意見を装ったブログが，実は企業の宣伝・広告戦略に組み入れられていたというように，信頼できる情報とそうでない情報の区別がつきにくくなってきた

最後は情報セキュリティの観点から検討しましょう。昔は，重要書類とか，貴重な記録などの重要な情報は，それが記録されたメディアを金庫や倉庫に鍵をかけてしまっていました。しかし，情報のデジタル化が容易になったことで，メディア自体の希少性やオリジナリティの点を別にすると，それに記録されている情報自体は，ファイル化し，さまざまなデジタルメディアに保存しておけるようになりました。そればかりか，複製をつくって分散保管したり，遠くに移送することも容易になりました。それにより，次のようなメリットが生じています。

《良い面》
- 分散保管することにより，火災や盗難などの事故によって情報が失われるリスクが減った
- どこからでも簡単にその情報を取り出せるようになった
- 情報を特定の人と共有したり，不特定の人に公開したりすることが容易になった

その反面，次のようなリスクも高まっています。

《悪　い　面》

- 情報の伝送過程や保管先から情報が漏洩してしまうという不可抗力による流出の危険性が高まった
- 一旦インターネット上に情報が流出してしまうと，それを回収することは事実上不可能となった
- セキュリティが業者任せになってしまうので，信頼できる業者を選ぶことの重要性が高まった
- コピーが増えることで，異なるバージョンができる可能性が高まり，情報の正統性や一貫性を保持することが難しくなった
- パスワードの重要性がますます高まり，覚えやすく推測されにくいパスワードを考える必要が生じてきた
- パスワードが増えるため，多数のパスワードを安全に管理する必要が生じてきた

このように，ICT発達の功罪はコインの表と裏のようなもので，ある程度は技術的に解決できる部分もありますが，大部分はICTの本質に根ざしたものなので，悪い面だけをなくすということはほぼ不可能と思われます。したがって，利用者が賢くなることで，情報化社会のメリットを最大限享受しながらも，注意深くデメリットを回避する必要があります。情報においても，経済においてもグローバル化が急速に進展している現在，幅広く情報を収集し，それを的確に処理して意思決定を行うことは，企業はいうに及ばず，個人にとっても必要に迫られてきているのです。それが現代の高度情報化社会をより良く生きるための基本的素養，すなわち「情報リテラシー」なのです。

ただし，さまざまな事情によりICTの恩恵にあずかれない環境にいる人々が存在することも忘れてはいけません。日本や西欧諸国をはじめとする先進国においては，ICTが普及していますが，世界中を見てみるとまだまだICTが普及していない国や地域も数多くあります。また，一国だけに着目しても，ネットワークが普及している都市部とそうでない地域の情報環境の格差が大きい国があります。それに，ICTが発達した都市部だけを見ても，貧困であったり高齢であったりして，情報リテラシーを身につけられない人々もいるのです。ICTを活用できるかどうかは，現代社会でのより良い生活の仕方に深く関係しているため，ICTを活用できる人々とそうでない人々の間に生じる情報格差は，それ自体を再生産してしまいます。この格差のことはデジタルデバイドと呼ばれ，あらたな社会問題として認識されています。

◉知識基盤社会へ

高度情報化社会の次には，知識基盤社会（knowledge-based society），すなわち，新しい知識・情報・技術が政治・経済・文化をはじめ社会のあらゆる領域での活動の基盤として飛躍的に重要性を増す社会（中央教育審議会, 2005）が来るといわれています。

情報リテラシーを身につければ，インターネットからありとあらゆる情報が簡単かつ素早く手に入れられるようになります。今や，単純な知識量を誇る時代は終わったといってよいでしょう。今後は，知識量よりも，インターネットの大海から情報をうまく拾い上げ，それを活用して，新しい価値を創造する能力が求められるようになるのです。

知識基盤社会の特質は，前記答申（中央教育審議会, 2005）によると，

- 知識には国境がなく，グローバル化が一層進む
- 知識は日進月歩であり，競争と技術革新が絶え間なく生まれる
- 知識の進展は旧来のパラダイムの転換を伴うことが多く，幅広い知識と柔軟な思考力に基づく判断が一層重要となる
- 性別や年齢を問わず参画することが促進される

などがあるとされています。

こうした時代にあって，私たちは情報リテラシーを基礎として，創造力や問題解決力といった高度な知的能力がますます求められるようになってきているのです。

◉個人的能力観から関係論的能力観へ

人の有能さの意味が，ものごとを多く知っていることから，問題解決力などへと変わってきたことは先に述べましたが，この問題解決力なるものの所在をもう少し掘り下げて考えてみたいと思います。

私たちは現実にどのようにして問題解決を行っているでしょうか。具体的な例として夕食の材料をスーパーで買いそろえる場面を考えてみましょう。所持金で足りるかどうかを調べるためには，商品価格の総額を計算しなければなりませんが，そのやり方にはいろいろとバリエーションがあります。手元に電卓とか携帯電話の電卓機能がある場合には，それを使うかもしれません。手帳があれば，ペンで筆算をする方法もあります。暗算が得意な人ならば暗算でやってしまうでしょう。さらに，少し恥ずかしいですが，適当に商品をレジに持って行き，もし所持金で足りなければ返すという荒技もあります。

このように，単純な問題を解決するだけでもさまざまなやり方がありますが，そのいずれの場合においても，私たちは社会・文化・歴史の助けを借りて問題解決しているということを指摘しておきましょう。それはこういうことです。

ある意味，最も簡単に総額を計算できるのはレジです。単に商品についたバーコードを読み取らせるだけで，数字を見ることさえなく計算ができます。もちろん，これはレジという道具のおかげであって，本人の能力とはいえないというのが一般的な見方でしょう。それでは電卓はどうでしょうか。これも電卓という道具を使っており，厳密には本人の能力ではないですが，大学ぐらいになると試験に電卓持ち込み可の場合がほとんどですし，電卓技能検定試験なるものもありますから，電卓を使う能力込みで個人の能力としている場合もあります。次に，筆算の場合は，たいていの試験で紙と筆記具の使用が認められていますから，これを使う能力は個人の能力に含まれていると考えてよいでしょう。しかし，紙と筆記具もれっきとした人工物であることは忘れてはいけません。最後に，暗算ですが，これは誰もが本人の能力と認めることでしょう。しかし，これにも無形の文化的人工物が使われています。それは，アラビア数字や位取り記法です。それがどれだけ私たちの計算能力に影響を与えているかは，試しにローマ数字を使って足し算をしてみればよくわかります。

人工物を使うことは，先人の知恵によって発明・発見され，その後，それを洗練し，再生産してきたコミュニティの文化的実践に組み入れられることを意味しています。私たちは，そのコミュニティに参加することによって，その人工物の意味と使用法を学び，人工物を用いることで，その人工物の維持・再生産に寄与しているのです。

結局，人の能力は多かれ少なかれ常に文化的・歴史的な人工物に媒介されて成立していますし，人工物の使用を通して社会的実践に参加しています。何の助けも借りない真の意味での個人

の能力なるものを想定しても意味はありません。道具を使う能力をどこまで個人の能力に組み入れるかは，社会的な合意としてあるだけですから，こうでなければいけないということはありません。それさえも，電卓の例のように，状況によって変わることもあるのです。

能力を個人に内在するものと考えると，この線引きが重要になりますが，そうではなく，能力は物理的環境や社会的環境などの状況と主体との関係の中に立ち現れるものであり，能力はそれが発揮される状況と切り離して考えることはできないものだと考えると線引き自体があまり意味のないものになります。こういった能力観は関係論的能力観と呼ばれるものです。

ICT のように，知的能力を大きく変える道具が利用可能な環境にあるとき，従来の「個人的」能力観にこだわっていては，その人が実際に何を成し遂げる能力をもっているかを見誤りかねません。環境にある資源を最大限に活用し，他者さえも利用して問題を解決することもまた能力のうちなのです。ICT の発達は，私たちの能力観にさえ変化を迫っているのです。

1-2　情報とは何か

◉情報を受け取る人によって異なる「情報の価値」

普段，とくに気にすることなく「情報」という言葉が使われていますが，「情報」が何を指すのか，明確に説明できる人は少ないでしょう。本節では，情報について次のように定義し，説明します。

情報　＝　データ　＋　価値

ここで「データ」とは，人や物，出来事についての記述を指します。たとえば，ある人の住所や，ある事件の背景と経緯，ある建物の歴史，ある山の高さ，などです。「価値」とは，その情報を扱う人それぞれにとっての重要性です。データが，自分の意思決定や行動にどれだけ影響するかによって，情報の価値は高い場合もあれば，低い場合もあります。たとえば，「明日の天気は晴れ」という単文は，天気についての記述ですが，それ自体はデータです。また，明日の天気そのものについては，読む人によって「晴れ」が「雨」に変わるようなことはなく，不変です。しかし価値について考えると，明日，行楽地に出かけるつもりでいる人にとっては，予定通り出かけるかどうかについての意思決定に深く関わるため，価値は高いでしょう。反対に，家の中にずっといることを決めこんでいる人にとっては，価値は低いはずです。このように，客観的に記述されたデータであったとしても，データの読み取り方，つまり，情報の価値は，人によって多様だといえます。

データは通常，人間によって「記憶」されているか，書類やハードディスクなどのさまざまな記録メディア，コンピュータ，データベース，ネットワーク上などに「記録」されています。そうした情報が人から人へと伝えられるには，視覚，聴覚を中心とした五感のいずれかによって知覚されなければなりません。しかし，記憶や記録それ自体は，直接には見たり聞いたりできないものです。そのため，たとえば，声に出したり，紙に書いたり，送受信したファイルやストリームデータをソフトウェアや Web ブラウザで開いて見聞きするなど，何らかの物理的実体を媒介として，知覚できる状態に変換する必要があります。

◉意図が込められ編集される情報（メッセージ性）

情報の「データ」は，客観的ではないこともあります。情報の送り手が取捨選択して記述したり，編集した場合，情報（のデータ）には多かれ少なかれ，送り手や編集者の「意図」が込められています。この意図とは，情報の送り手・編集者が「私はこのように情報（のデータ）を読み取った。受け取る人にも同じように読み取ってほしい」「私は，あなたに……のように考えてほしいので，～のように情報を編集した」といったものですが，これを「メッセージ」とよぶのです（情報のメッセージ性）。

たとえば，真夏日の夕方に「いやぁ，今日は暑かったねぇ？」と職場の同僚が声を掛けてきたとします。この時彼は，世間話のように暑さについて語っただけなのか，退社後に飲みに行くことを誘ったのか，さらには，おごってほしいという願望も混ざっているのか――声の調子や，これまでの人間関係を総合して考えると，その中にどのようなメッセージが込められているのかを読み取れるはずです。

また，たとえばニュース番組では，街頭インタビューの様子が映し出されることがあります。街中の声を公平に拾い上げているように感じてしまいますが，これは制作者の意図に沿って都合の良い声だけが拾われていたり，意図が伝わりやすいように順序が決められているなど，明らかに編集されているのです。専門家のインタビューも同様です。できるだけ意図に沿った発言をしてくれそうな専門家が選ばれ，しかも，放送されるのは都合良く編集された，発言のごく一部に過ぎません。

このように，情報（のデータ）には，メッセージが込められていることがあります。メッセージを送り手の思った通りに受け取ってしまった場合に，結果として良い意思決定ができれば，自分にとっての情報の価値は高く，さほど問題はないかもしれません。しかし，たとえば，テレビショッピングを見て不必要な商品を買ってしまったなど，マイナスの価値であることもあります。

そのため，情報を鵜呑みにせずに，なぜそう言えるのか，それは本当なのか，あるいは嘘なのか，などの視点で「批判的」に読み解いたり，どんな基準で判断できるのか，誰にとってはプラスで，誰にとってはマイナスであるのか，などさまざまな観点から「多角的」に吟味する力――メディアリテラシー――が重要なのです。

◉伝えられ広まる情報（伝播拡散性）

情報は，人々によって伝えられ，広まっていきます（情報の伝播拡散性）。たとえば，口コミや流言飛語，都市伝説は，そのネタに興味や関心を含めて価値を見出した人から，その周囲の人へと口々に伝えられ，広められるアナログ情報です。デジタル情報も同様に，人から人へと，記録メディア（USB メモリ，CD-R，DVD-R など）やインターネットを通して伝播し，拡散します。

特に，インターネットの登場は，この点において社会に大きな変化をもたらしました。以前は，多くの人々に対して情報を伝え，広めることは，新聞社やラジオ局，テレビ局，出版社などのマスメディアにしかできませんでした。そのため，情報の信頼性や客観性は，完全ではないにしろ，ある程度は保たれていたといえます（一方で，情報操作や情報統制の危険性も否めませんが）。しかし，インターネットでは，ウェブページやブログ，SNS，Twitter 等を通して，一般市民が不特定多数の人々に対して情報を伝え，広めていくことが可能です。

この「伝播拡散性」は良くも悪くも，デジタル情報の活用を考える上で，非常に重要です。例えば，エジプトやリビア，シリアなどイスラム圏における民主化運動のように，社会をより善くするための道具として力を発揮することもありますが，反対に，プライバシーの侵害など，社会に悪影響を及ぼすこともあるのです。周知のようにインターネット上では，誰もが自由に情報を発信できますが，それが根拠のない憶測であったり，悪意に基づくねつ造された情報であることもあります。その結果，全体として，情報の信頼性や客観性も低下しています。そのため，主に情報の読み手の側面から考えると，情報を読み解くメディアリテラシーの重要性が，以前よりも増しています。送り手の側面からは，他者の権利に配慮できるための情報モラルが重要です。

◉コピーされる情報（コピー性）

情報は通常，何らかの形でコピーされます。ここでは，アナログ情報とデジタル情報に分けて，情報のコピーについて考えてみましょう。

アナログ情報とは，教師の声，板書，紙の上に表現された文字などのことです。そのデータは連続量であり，解像度をどこまで高めたとしても，連続しています。たとえば，紙に書かれた文字の１本の線は，どれだけ拡大しても明確な切れ目を見出すことはできません。

このような連続的な情報は，コピーが難しく，コピーを重ねる度に情報が劣化します。たとえば，本のコピーのコピー，そのまたコピーと繰り返すほど，文字や図表の読み取りは困難になります。オリジナルに近いほど質が良いため，オリジナルの情報の重要性は高くなるのです。

デジタル情報は，コンピュータやネットワーク上などの，ビット（0か1）の集合で表現された電子的な情報のことです。そのデータは離散的であり，切れ目があります。たとえば，文字の画像は十分に拡大すれば，画素（ドット，ピクセル。画像を構成する最小単位の四角形）の集合であることが見て取れます。つまり，解像度が十分であれば，情報を完全に読み取ることができるのです。

このように離散的であることから，デジタル情報は，コピーをどれだけ重ねてもオリジナルのデータが損なわれないため，コピーが簡単です。そして，オリジナルの情報とコピーされた情報は，コピー時にあえて品質を落とさない限り，同一のものになります。この「コピー性」は，デジタル情報の活用を考える上で，良くも悪くも非常に重要でしょう。たとえば，文化遺産をデジタル化して保存するなど，社会のためになる道具として作用することもあります。反対に，音楽情報の違法コピーによる著作権の侵害など，社会にとって好ましくない結果をもたらすこともあります。デジタル情報を簡単に扱うことができる現代では，著作権や肖像権など，他者のさまざまな権利に配慮できる情報モラルが問われているのです。

◉消えさることのない情報（残存性）

先述したように，情報には，コピーされるというコピー性，伝えられ，広められるという伝播拡散性があります。これらの性質の相互作用のため，ある場所で情報が消え去ったとしても，そのコピーが別の場所で残っていることが多いのです（情報の残存性）。

とくにデジタル情報は，オリジナルとコピーが等価であるため，伝えられた先々でコピーが繰り返され，劣化しないまま，あちこちで残ることになります。たとえば，漏洩した機密情報は，一度広まってしまうと，すべてのコピーを消し去ることは事実上不可能です。「2ちゃんねる」などの掲示板に掲載された，根拠のない誹謗中傷も，他のサイトに次々と転載されるため，いったん広まり出すと根絶することはできません。P2Pソフトによる音楽情報についての著作権の侵害も同様です。この点においても，情報モラルが重要であるといえるでしょう。

◉狭義の情報活用から広義の情報活用へ

情報教育の実践は，これまで数多くなされてきました。しかし，デジタル情報，アナログ情報を問わず，これまで情報教育の対象とされてきた情報活用は，どちらかというと，情報機器の操作や情報の表面的な伝わりやすさなど，狭い範囲に留まっていたものが少なくなかったといえるでしょう。これらの情報活用を，「狭義の情報活用」と位置付けることができます。

しかし，情報とはそもそも何であるのか，その定義を考えると，さまざまな知的活動を始めとする人間の行動のほとんどは情報活用であるといえます。学習活動を含めて，他者や環境など五感で知覚可能な，自身の周囲のデータに価値を見出し，何らかの意思決定や行動につながっているのなら，それは情報活用です。後で述べるように，狭義の情報活用の範囲でしか考えられない場合，情報教育が「ICT を利用することの教育」に留まりかねず，さらに悪いことに，ICT の小手先のテクニックの教え込みに矮小化されかねません。そこで本書では，幅広い情報活用のあり方を「広義の情報活用」と位置付け，情報活用について考えていくことにします。

1-3　情報活用能力＝情報リテラシー

「情報活用の実践力」，「情報の科学的な理解」，「情報社会に参画する態度」の三本柱

1-1 節では，知識基盤社会で求められる力としての「情報リテラシー」について論じました。情報リテラシーは，文部科学省が出している『教育の情報化に関する手引』（以降，『手引』）では，「情報活用能力」として説明されています。本書では以降，情報リテラシーについて，「情報活用能力」という言葉を用いて説明します。

前節では，情報とはどのようなものであるかについて眺めました。情報の価値は多様であり，メッセージ性やコピー性，伝播拡散性，残存性を考えると，情報を単に使えるというだけでは，知識基盤社会を生きる上で，目的を十分に達成できなかったり，時には，問題を起こしてしまう可能性もあります。つまり，情報を使いこなす力――情報活用能力――が必要であるといえるのです。本節では『手引』を引用しながら，情報活用能力とはどのようなものであるのか，どのように育成すべきであるのかについて，考えていきましょう。

まず，情報活用能力について，『手引』の 1 章（p.4）では，次の三つの観点が掲げられています。

A 情報活用の実践力
課題や目的に応じて情報手段を適切に活用することを含めて，必要な情報を主体的に収集・判断・表現・処理・創造し，受け手の状況などを踏まえて発信・伝達できる能力

B 情報の科学的な理解
情報活用の基礎となる情報手段の特性の理解と，情報を適切に扱ったり，自らの情報活用を評価・改善するための基礎的な理論や方法の理解

C 情報社会に参画する態度
社会生活の中で情報や情報技術が果たしている役割や及ぼしている影響を理解し，情報モラルの必要性や情報に対する責任について考え，望ましい情報社会の創造に参画しようとする態度

これらはやや硬い表現であるため，初見の読者にとっては，理解が難しいかもしれません。きわめて簡単にいうと，一つ目の「情報活用の実践力」は，「情報を，集める，まとめる，作る力，その作り手のことを考えて判断する力，相手のことを考えて，表現したり伝える力」といえるでしょう。次に，「情報の科学的な理解」は，「情報をより良く活用するためにはどうすればよいかを知っていること」であるといえます。そして，「情報社会に参画する態度」は，「他の人たちに迷惑をかけない姿勢，他の人たちと，より善く，仲良く，生きていこうとする態度」と言い換えることができます。

これら三つの観点に関連して，児童・生徒にどのような力を身に付けさせるべきかについて，『手引』では情報教育を体系的に推進すべきであるとし，表1-1のように示し，各学校段階，各教科について説明しています。

しかし，「これら三つの観点は独立したものではなく，これらを相互に関連付けて，バランスよく身に付けさせることが重要である」（同 p.4）と述べられているように，三つの観点のそれぞれをバラバラに切り離すことはできず，全体の関連を考えながら，情報活用能力を捉えなければなりません。また『手引』（第2章，pp.13-14）では，学習指導要領の総則において，教育の情報化の観点から表1-2のような指導目標が設定されていることにふれています。

このように，情報モラルが重視されているとともに，情報手段を使いこなせるように育成することが求められています。とくに情報モラルについては，一つの章（第5章「学校における情報モラル教育と家庭・地域との連携」）を設けて解説していることからも，重要な位置付けであることがわかります。

しかしそのためには，やはり，三つの観点の関連を考えながら，学習活動をデザインし，実

表1-1　身に付けさせたい情報活用能力（『手引』p.75から「高等学校」の記述などを割愛）

	小学校	中学校
A 情報活用の実践力	基本的な操作 ・文字の入力・電子ファイルの保存・整理 ・インターネットの閲覧・電子メールの送受信など情報手段の適切な活用 ・様々な方法で文字や画像などの情報を収集して調べたり比較したりする ・文章を編集したり図表を作成したりする ・調べたものをまとめたり発表したりする ・ICTを使って交流する	情報手段の適切かつ主体的，積極的な活用 ・課題を解決するために自ら効果的な情報手段を選んで必要な情報を収集する ・様々な情報源から収集した情報を比較し必要とする情報や信頼できる情報を選び取る ・ICTを用いて情報の処理の仕方を工夫する ・自分の考えなどが伝わりやすいように表現を工夫して発表したり情報を発信するなど
B 情報の科学的な理解	情報手段の特性と情報活用の評価・改善 ・コンピュータなどの各部の名称や基本的な役割，インターネットの基本的な特性を理解 ・情報手段を活用した学習活動の過程や成果を振り返ることを通して，自らの情報活用を評価・改善するための方法等を理解	情報手段の特性と情報活用の評価・改善 ・コンピュータの構成と基本的な情報処理の仕組み，情報通信ネットワークの構成，メディアの特徴と利用方法等，コンピュータを利用した計測・制御の基本的な仕組みを理解 ・情報手段を活用した学習活動の過程や成果を振り返ることを通して，自らの情報活用を評価・改善するための方法等を理解
C 情報社会に参画する態度	情報モラル （情報社会で適正に活動するための基となる考え方と態度） ・情報発信による他人や社会への影響 ・情報には誤ったものや危険なものがあること ・健康を害するような行動 ・ネットワーク上のルールやマナーを守ることの意味・情報には自他の権利があることなどについての考え方や態度	情報モラル （情報社会で適正に活動するための基となる考え方と態度） ・情報技術の社会と環境における役割 ・トラブルに遭遇したときの自主的な解決方法 ・基礎的な情報セキュリティ対策・健康を害するような行動 ・ネットワーク利用上の責任・基本的なルールや法律の理解と違法な行為による問題 ・知的財産権など権利を尊重することの大切さなどについての考え方や態度

表1-2　学習指導要領の総則で位置付けられた情報教育の指導目標

	児童・生徒が身につけるべきこと	情報手段と学習活動
小学校	・文字を入力するなどの基本操作 ・情報モラル	情報手段を適切に活用できるようにするための学習活動を充実
中学校	・情報モラル	情報手段を適切かつ，主体的，積極的に活用できるようにするための学習活動を充実

践することが不可欠です。なぜなら，情報モラルだけを取り出して育成しようとすると，「やるべきこと・やるべきではないこと」のガイドラインを示したり，統合ソフトの情報モラル教育用ソフトで疑似体験をするなどに留まり，情報モラルの大切さを実感するまでには至らないことが少なくないからです。しかし，学習活動において，情報社会に参画する態度を，情報活用の実践力や情報の科学的な理解の育成と有機的に関連させた上で実践させることによって，なぜ情報モラルが大切であるのかが実感しやすくなるのです。

たとえば，情報活用の実践力が高まれば，情報の科学的な理解が深まります。理解が深まれば，実践力も高まります。実践力が高まり，理解が深まれば，情報社会に参画する態度も向上します。積極的な態度になるほど，実践力はさらに高まり，理解もより深まります。このように，三つの観点は互いに関連しており，情報活用能力の育成を図る上では，切り離して考えることはできません。しかし，表1-1に示したような説明からは，そうした関連を読み取ることは難しいでしょう。

そこで，本書では次のように，情報活用能力の三本柱のそれぞれを三つの要素に分解し，要素間の関連を考えます。

A 情報活用の実践力

- 課題や目的に応じて情報手段を適切に活用できる ―― b
- 必要な情報を主体的に収集・判断・表現・処理・創造できる ―― A
- 受け手の状況などを踏まえて発信・伝達できる ―― c

B 情報の科学的な理解

- 情報活用の基礎となる情報手段の特性の理解 ―― a
- 情報を適切に扱うための基礎的な理論や方法の理解 ―― a, c
- 自らの情報活用を評価・改善するための基礎的な理論や方法の理解 ―― B

C 情報社会に参画する態度

- 社会生活の中で情報や情報技術が果たしている役割や及ぼしている影響の理解 ―― b
- 情報モラルの必要性や情報に対する責任について考えることができる ―― a, b
- 望ましい情報社会の創造に参画しようとする態度 ―― C

右端に付した記号は，大文字はその柱の中心となる要素であることを，小文字は関連する柱を示しています。各要素を眺めると，「A 情報活用の実践力」の第1要素「課題や目的に応じて情報手段を適切に活用できる」と，「B 情報の科学的な理解」の第2要素「情報を適切に扱うための基礎的な理論や方法の理解」は，ほぼ同様であることがわかります。そこで本書では，これらを同一の内容として一括し，8要素を右のベン図のように捉えることにします。

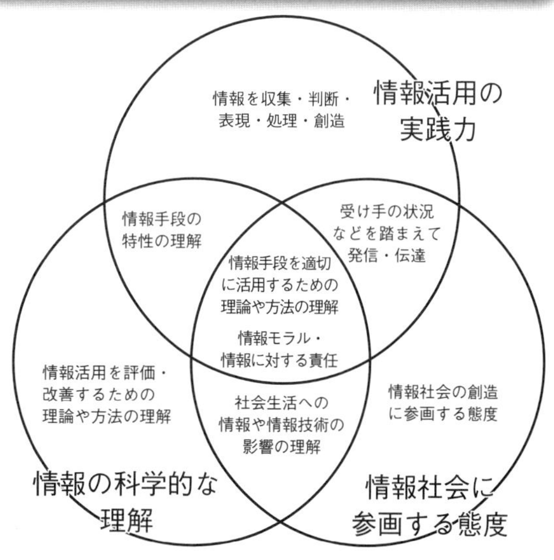

このように要素に分割し，視覚的に関連を把握することで，情報活用能力の三本柱の特徴が，より理解しやすくなるでしょう。

◉すべての教科で育成できる情報活用能力

情報活用能力の育成については，すべての教科で育成できることが『手引』では述べられています。第3章「教科指導におけるICT活用」ではすべての教科でICTを活用して教育できることが示されています。また，第4章「情報教育の体系的な推進」では，各学校段階，各教科での指導例が示されています。しかし，それらのほぼすべてはICT活用を前提としており，前節で述べた「広義の情報活用」を考えると，「情報活用をICT活用に矮小化している」といわざるを得ません。情報活用の対象として，アナログ情報も広く含めるべきであり，それによって初めて，情報活用能力が「知識基盤社会を生き抜くための力」として活きてくるからです。

たとえば，国語では，論理的な読解はもちろん，心情の読み取りも，情報活用として捉えることができます。前者は，文章の各部分がどのように関連しあっているのかを見比べることで，文章の論理性を見出すことができることにつながります。また後者は，作者が何を思ったのか，その背景には何があるのか，読者に何を伝えたかったのかを考えることにつながります。これらの活動には，ICTの活用は必ずしも含まれません。しかしこのように吟味できることは，まさに情報活用の実践力なのです。

また，情報や情報活用の視点で学習活動を捉えることで，さまざまな力の育成につながります。たとえば，情報の科学的な理解では，自身の情報活用を振り返り，評価し，改善していくことが求められます。こうした活動は，自身の目標が何であるのか，現状では，何ができていて，何ができていないのか，目標に到達するためには，何をするべきであるのか，といったことを考えるメタ認知そのものです。情報活用の文脈で捉えることによって，そうした活動に対する子どもたちの意識が深まり，日々の実践の中でそれらの力を伸ばしていくでしょう。

◉情報活用能力の育成を目指した授業の設計

情報活用のための道具は，資料やドリルから表現手段まで，実に多様です。それぞれの道具にはそれぞれの特性があり，道具を用いて扱うべき情報や，道具を用いる学習活動，そして，学習活動に参加する学習者の状態によって，活用すべき道具も異なります。そのため，道具の選定を誤ったり，学習活動のデザインが悪ければ，情報活用の活動が活性化されず，子どもたちの情報活用能力も十分に育ちません。つまり，それらの諸条件を考慮し，用いる道具を選定しつつ学習活動をデザインする力量が教師に求められるといえるでしょう。

また，残念ながら『手引』では全体に，ICTの「道具としてのイメージ」が乏しいのです。情報の提示，資料としてのインターネット，資料の検索・収集手段については，多く述べられています。しかし，情報活用の目的を考えると，そうした活動が個人の中で完結するのではなく，多かれ少なかれ，他者へと影響していくものです。この点を考慮すると，先ほどのICTは，情報活用の一部を支えるものでしかありません。

一方で，たとえば，KJ方法，マインドマップ，コンセプトマップなどのアイデアの可視化・整理のための道具や，アイデアを比較しあい，相互に吟味するための情報共有の手段についてはほとんど述べられていません。それらは，個人であれ協同であれ，人間の知的活動を増幅する上で，重要な道具として活用されてきました。そのような道具によって，自身の考えが整理され，足りない部分に気がついたり，新しい着想を得るためのきっかけとなったりします。また，議論の道具として用いれば，互いに意見が一致している部分や異なる部分が明らかになり，建設的な議論が促進されます。これらの道具は，紙メディアとしても扱うことができるし，ICT の形でも提供されています。

ともあれ，子どもたちの情報活用能力を育成するためには，対象となる情報や道具の特性を活かした学習活動のデザインが必要です。これらの具体例については，本書の第２章と第３章で，エピソードや授業実践例を示しながら説明していきます。

1-4 情報教育の目的

◉ ICT の小手先のテクニックを教えることのみが目的ではない

ともすれば情報教育は，ICT の小手先のテクニックを教えることに留まりかねません。ここでいう小手先とは，たとえば，ワープロソフトを使ってきれいな壁新聞をつくる，ソーシャルメディアで積極的に書き込む，インターネットで手早く検索する，などのことが，「ただ単にできる」ことを指しています。これらの活動の結果がそれぞれ，「見た目がきれいなだけで内容の薄い壁新聞」，「他人の欠点をあげつらった非難中傷ばかりの書き込み」，「検索結果をそのまま，自分のレポートにコピー＆ペーストしているだけ（いわゆる剽窃行為）」といったことであれば，それは「ただ単にできる」だけであり，しかも，より良い情報活用からはほど遠いものです。

最初の壁新聞の例について述べると，見た目がきれいであるに越したことはありません。しかし，壁新聞を見る人に何を伝えたいのか，見た相手はどのように感じたのか，結果として，自分が壁新聞を通して伝えたいことを十分に伝えることができたのか，あるいは，できなかったのか，そうしたことが重要です。なぜなら，情報活用の影響が個人の範囲内に留まることはまれだからです。多くの場合，何らかの形で，誰かと関わることになります。この点がないがしろにされると，「情報活用の実践力」の「受け手の状況などを踏まえて発信・伝達できる能力」が抜け落ちてしまい，情報活用が自己中心的なものとなってしまうでしょう。

また，「情報の科学的な理解」や「情報社会に参画する態度」を考慮すると，壁新聞をつくる上で，どの道具をどのように使ったのか，以前と比べて道具の使い方が上達したのか，壁新聞の特性の理解が深まったのか，壁新聞づくりを通して，周囲の人々とのコミュニケーションに対する態度がどのように変わったのか，このような事柄を押さえることも不可欠です。

以上のように，自分の情報活用の向こう側にいる人々を意識すること，情報活用の前後の変化を捉えることは，情報活用能力の育成を考える上で重要であるといえるでしょう。

◉知識基盤社会を生き抜く力としての情報活用能力の涵養こそ情報教育の目的

ここで，1-1 で述べられた関係論的能力観に関連して，佐伯胖氏が著書『マルチメディアと教育』の中で紹介した，「まりさん」という重度重複障害児が担任の山下先生と一緒にハンバーグを「作った」という事例について触れ，知識基盤社会を生き抜く力について述べたいと思います。

まりさんは重度重複障害児であるため，「かすかな表情で反応を示す」以外に，自分で体を動かすことはできません。ある時，山下先生とまりさんが一緒に色々な本を読む（山下先生が本を読んであげて，それに対して，まりさんがかすかな表情で反応を示す）中で，まりさんが料理に関する本が好きであることがわかりました。そして料理の本を読み進める内に，実際に料理することになった時のことです。

ハンバーグを作ることに決め，買い物リストを作成し，スーパーで材料を購入し，料理をする――この過程で山下先生は“どれを買うのか”，“どのように調理するのか”など，まりさんの意思を随所で丁寧に確認しながら，ともに行動しました。ここで注目したいのは，まりさんがしたことは，山下先生の問いかけに対して「かすかな表情で反応を示す」だけであるということです。

さて，「料理作り」を一般に考えるように，“材料を買う”，“素材を切る”，“焼く”などの「一連の要素動作で構成されるもの」であると考え，その確実な実行を重視するのであれば，まりさんは「料理をしていない」し，「料理ができるようになった」わけでもありません。この考え方に基づけば，まりさんは「反応する」以外に何もしていないことから，まりさんにはさしたる能力はなく，まりさんとの協同作業は，きわめて効率が悪いといえるでしょう。

ところで，ハンバーグを作るということはどういうことなのでしょうか。通常，人は，ハンバーグを「自分で作った」と言います。しかし，タマネギを「作った」のも，挽肉を「作った」のも，包丁やフライパンを「作った」のも，自分ではありません。ハンバーグを作る上で，そのために必要なさまざまな材料や道具は，「自分以外の他者」が作っているのです。また，ハンバーグの調理法を考えたのも，「自分以外の他者」です。

このように，ハンバーグを作る上で，「周囲のモノや人からたくさんの支援を受けている」といえるのです。この事例では，重度重複障害児のまりさんについて述べられていますが，まりさんだけでなく，人は誰でも大なり小なり，他者からのさまざまな支援を受けることで，ハンバーグを作ることができます。このことは，ハンバーグ作りに限らず，どのような物事の達成についても，同様なのです。

佐伯氏は，人々の活動を（悪い意味での）「能力」や「効率」ではなく，「実践」という枠組みで捉えることの重要性を，この事例を通して述べています。「能力」や「効率」に固執すれば，“あの人はできる”，“あの人は無能だ”といったように，評価が個人の範囲に限られ，その行き着く先は，“他人を蹴落としてでも自分は良くなりたい”という個人主義の世界です。しかし，人々の活動を「実践」で捉えれば，通常は感じることができないかもしれませんが，互いの助け合いによって，その活動が成立していることがわかるはずです。

情報活用といっても，結局，決して個人の中だけで完結するものではありません。それは人々の中における活動であり，周囲から影響を受けつつ，また，周囲へと影響を及ぼしていくものです。「能力」や「効率」だけで情報活用を考えれば，小手先のテクニックに留まったり，他者に迷惑をかけても，自分さえ楽しければよい，得をすればよい，という（悪い意味での）個人主義に陥りかねません。インターネットに関わるさまざまな問題も，このような利己的な感覚に起因しているといえるでしょう。

しかし，例えば，知的生産活動の在り方を劇的に変化させたインターネットの情報検索も，ネット上に情報を公開する数多の人々がいて，初めて成り立っているのです。「関係論的能力観」や「実践」の枠組みで考えれば，情報活用の上で，「他者を意識すること」，「他者を尊重すること」，「他者に貢献すること」が重要であることはおのずと理解できるでしょう。

本書では，以降，この「他者に対する感覚」を大事にしながら，仮想的なエピソードや教育実践事例を通して，情報活用能力について論じていくことにします。

演習問題

1. 情報活用能力について，12 才程度の子どもにも十分に理解できるよう，平易な言葉を用いて説明せよ。

2. 「情報」とは何か，200 字程度で簡潔に説明せよ。

20 字× 10 行＝ 200 字

3.「関係論的能力観」について，200 字程度で簡潔に説明せよ。

20 字× 10 行 = 200 字

4. 知識基盤社会では，なぜ，情報リテラシー（情報活用能力）が重要であるのか，200 字程度で簡潔に説明せよ。

20 字× 10 行 = 200 字

第2章 子どもの生活と情報活用 :ヒロミの1日

2-1 この章の目的

◉はじめに

第1章では，情報活用能力とは何かについて概要を眺めました。この章では，ある小学生の1日の生活を追いながら，ICTの活用を必ずしも伴わない広義の情報活用能力を中心に考えます。それによって，実は誰しもが，普段の生活のさまざまな場面で情報活用を行っていること，そして，情報活用能力が，社会を生き抜く上でいかに重要であるのかを，実生活に根ざした形で理解を深めていきます。

2-2から2-10までは，次に示すように，ストーリー仕立てです。小学生のヒロミを中心に，彼女を取り巻く人々との1日の中での関わりを通して，情報活用についてみていきましょう。

節	タイトル	登場人物の活動内容
2-2	学校に行く前： 朝の天気予報	テレビの天気予報で降水確率を見て，傘を持っていくべきか，過去を思い出しながら考える。 《主体的な情報活用と意思決定》
2-3	朝の会： ワークシートの回収	回収したワークシートを出席番号順に効率よく並べ替える。 《アルゴリズム的思考による作業の効率化》
2-4	国語： ディベート	資料を踏まえて根拠や理由を提示しながら，主張したり，話し合う。 《根拠に基づいた説明・話し合い》
2-5	社会： 調べ学習	収集した情報を，グラフや表で表現し，読み手にわかりやすい壁新聞を作成する。 《情報収集・表現・判断，そして創造へ》
2-6	昼休み： 偽手紙事件	偽手紙事件での，なりすましの問題に直面する。 《情報モラルと個人情報管理》
2-7	図画工作： ポスター作り	運動会のポスターを魅力的にするために，ピ○チュウを入れても良いのか，作者の思いに基づいて考える。 《著作権についての初歩的理解》
2-8	総合的な学習の時間： 学校間交流	遠隔地の小学校とのメールのやりとりを通して，「ネチケット」について考える。 《ネット上のコミュニケーションとネチケット》
2-9	放課後： 宿泊学習のおやつを選ぶ	数日後の宿泊学習に向けて，値段や量などを吟味しながら，おやつを買う。 《情報の吟味と意思決定》
2-10	寝る前： テレビを見ながら	街頭インタビューを見ながら，情報がどのように編集されているのか，メッセージがどのように込められるのかを考える。 《メディアリテラシーについての初歩的理解》

◉登場人物の紹介

・ヒロミ：小学校５年生の女子。快活で，勉強が得意。友達も多く，学級委員を務める。

《ヒロミの家族》

・お父さん：中堅サラリーマン。性格は温厚。ドライブ好き。負けず嫌い。

・お母さん：専業主婦。怒り出すと怖いが，普段は優しくおっとりしている。

・弟のアキヒロ：小学校４年生の男子。うっかり者。刑事にあこがれている。

《ヒロミの担任とクラスメート》

・サトウ先生：のんびりしているが，けじめには厳しい。教員歴８年の中堅。独身（女性）。

・アツシ：あわてん坊で，暴走することもある。

・リョウ：こつこつと作業を進めるタイプ。

・シホ：しっかり者で，ヒロミと仲がよい。

・ユカ：とても落ち着いていて，ちょっと大人な感じ。

・ハルナ：愛想がよく，誰にでも面倒見がよい。

ヒロミと家族

ヒロミと
サトウ先生，
クラスメート

◉エピソードを読解するポイント

それぞれのエピソードを通して，まず，子どもの活動について，どのように情報活用しているのか，情報活用能力の三本柱のどの部分に当てはまるのか，何がどんな情報活用なのかを考えます。

そして，教師や親が関わる場面では，子どもの情報活用能力をどのように育成しているのか，何を目指し，何を考え，どのような支援・促進をしているのか，また，支援・促進が無いと，どうなってしまうのかを考えます。

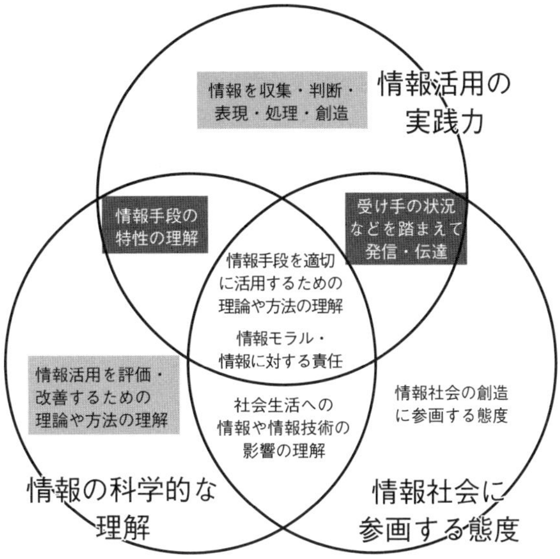

そうした思考活動を助けるために，各エピソードには，第１章で説明した右の図が示されています。情報活用能力は，「情報活用の実践力」，「情報の科学的な理解」，「情報社会に参画する態度」の三本柱から構成されます。しかし，それらは完全に独立しているわけではなく，互いに関連しあっています。

それぞれの図では，ヒロミたちの活動が該当する部分を，網掛けで示します。濃い網掛け（字は白）は，特に該当すると考えられること，薄い網掛け（字は黒）は，やや該当すると考えられることを表します。たとえば右上の図では，「情報活用の実践力」の「受け手の状況などを踏まえて発信・伝達」と「情報の科学的な理解」の「情報手段の特性の理解」に特に該当し，「情報活用の実践力」の「情報を収集・判断・表現・処理・創造性」と「情報の科学的な理解」の「情報活用を評価・改善するための理論や方法の理解」にやや該当することを表しています。

エピソードは，ヒロミの１日を追う形で，時系列で配置されています。しかし，各エピソードの内容を考えると，次のような順序を考えることができます。１日を追いながら全エピソードを一読した後，この順序で読み直せば，内容を整理して考えられるでしょう。

節	タイトル	内　容
2-2	学校に行く前	《主体的な情報活用と意思決定》
2-9	放課後	《情報の吟味と意思決定》
2-5	社会	《情報の収集と創造》
2-10	寝る前	《メディアリテラシーについての初歩的理解》
2-4	国語	《根拠に基づいた説明･話し合い》
2-6	昼休み	《情報モラルと個人情報》
2-8	総合的な学習の時間	《ネット上のコミュニケーションとネチケット》
2-3	ホームルーム	《アルゴリズム的思考による作業の効率化》
2-7	図画工作	《著作権についての初歩的理解》

2-2　学校に行く前：朝の天気予報《主体的な情報活用と意思決定》

【エピソード】

10 月のある日。秋晴れの 1 日が始まりました。

「おはよー。ちょっと寝坊しちゃったよ。ごはんごはん」。階段を踏みならして，アキヒロが起きてきました。「早くご飯食べなよ。遅いと置いてっちゃうよ」。ダイニングで待っていた姉のヒロミはアキヒロを急かします。「えー，それなら姉ちゃんもっと早く起こしてよ」「何いってるの，もうすぐ 10 歳なんだからちゃんとしなよ」。

「はいはい，二人ともケンカしないで。アキヒロは早くご飯食べなさい」。お母さんがパンと目玉焼きを出してくれました。慌てて朝ご飯を食べるアキヒロ。口の中が一杯なのに，思い立ったかのように「そういえば，今日運動会の練習なんだけどさ，天気どうなの？」と尋ねます。

お父さんが答えました。「新聞には，東京は曇り時々晴れって出てるぞ。降水確率は 30% だけど，今晴れているし，練習は大丈夫じゃないか？」「そう，それなら体育着持って行かなきゃ」。

その時，テレビを見ていたヒロミが「でも北多摩市は降水確率 50% ってテレビで言ってるよ。いちおう傘を持って行った方がいいんじゃない？」と言いました。アキヒロはびっくりして「え？　なんで東京は 30% だって言っているのに，北多摩は 50% なの？」とヒロミに聞きました。お父さんは「ああ，あれはピンポイント予報っていうんだよ。昔は天気図と代表的な場所の実際の天気から割り出していたけど，東京も広いからね，最近はいろいろな場所の天気を細かく集めた上で予想できるようになったんだよ」と説明してくれました。「ふーん，そうなんだ」とアキヒロは納得顔。

でもすぐに，アキヒロは悩んでしまいました。「じゃあ，どっちを信じたらいいの？」と尋ねます。お父さんは「うーん，まあお父さんの経験的には，10月だし，今日は朝が晴れているから，降らないんじゃないかなぁ，と思うよ」と言いました。アキヒロとしては，楽しみにしている運動会の練習がなくなるのはイヤなのですが，練習で使わなかった体操着をまた持ち帰ってくるのは面倒くさくて，もっとイヤなのです。「うーん，困ったなぁ」。

するとヒロミが言いました。「でも，これって確率なんだよね。だから，可能性が高いんだったら，やっぱり傘を持っていった方がいいんじゃないかなぁ。体操着は，学校の机の横にでもかけておけば」。アキヒロは父のアドバイスと姉のアドバイスの両方を天秤にかけました。悩んだのは３分くらいでしょうか。アキヒロは机を拳で叩いて決断しました。「よし，どうせ僕は忘れっぽいから，やっぱり体操着を持って行っておこう。使わなかったらどっかに隠しておけばいいや。そんでもって傘も持って行く」。

そんなことをしていたらすっかり遅くなり，お母さんが時計を見て急かしました。「ほらほら，何やってるの。あなたたち，遅刻よ。走って行きなさい！」

◉情報活用能力の三本柱との関連

日常生活の中では，さまざまな情報をもとに自ら意思決定し，行動することが求められます。こうした「情報を収集・判断…処理」で大切なのは，まずは自分で主体的に考えるという姿勢です。

アキヒロは，お父さんやヒロミから天気に関するさまざまな情報を得て悩みます。しかし，最終的には自分で判断し，意思決定している点がポイントです。予報で示された確率や，お父さんやヒロミの意見を丸呑みするのではなく，自分の置かれている状況（今回の場合は，アキヒロが自分の性格として忘れっぽいと認識していること）を踏まえて吟味し，判断している点が，情報活用能力の観点からみて優れているといえるでしょう。この点は「自らの情報活用を評価・改善するための基礎的な理論や方法の理解」に該当します。

このエピソードから学ぶ情報活用能力

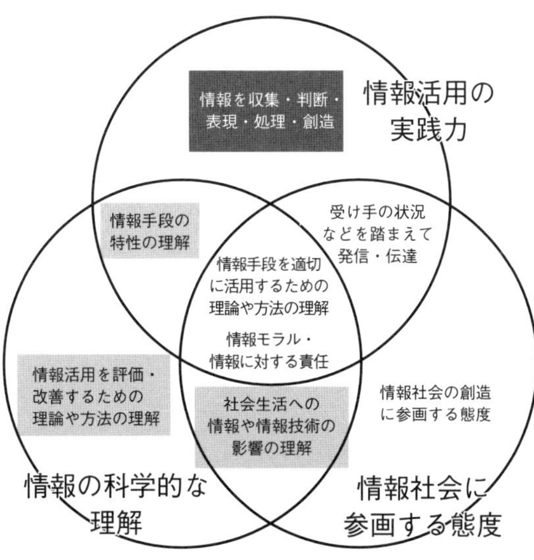

天気予報は確率に基づくものであり，当たる時もあれば，外れる時もあります。意思決定の際には，あくまでも確率であることを考慮しなければなりません。このような特性を知っていることは「情報活用の基礎となる情報手段の特性の理解」そのものです。なお，最近天気予報でも地域ごとの「ピンポイント予報」が実現してきていますが，これは天気予報のために使われるスーパーコンピュータの処理能力が向上した恩恵です。こうした背景まで理解できると，「社会生活への情報や情報技術の影響の理解」につながりますが，小学校の児童には難しいかもしれません。

◉どのように育成すべきか

私たちは，「情報を収集・判断・処理」する活動を，日常生活の至るところで行っています。そうした，日常の中で何気なく取り組んでいる問題解決課題では，私たちが何をもとに判断し，行動しているのかをまず意識させる必要があります。

学校の教室では，たとえば，上記のようなエピソードをケーススタディ的に提示した上で，“自分だったらどうするか”を考えさせ，発表させるということが有効な方法として考えられます。この際大切なのは，①相互に発表する活動を通じて，他のクラスメイトが多様な考えをもっていることを共有すること，②この問題に正解はなく，それぞれの状況に応じた自発的な判断が重要であることを認識させることです。

◉生活との関連

ますます進展する情報化社会の中では，個々のユーザの状況に対応した“細やかな”情報から，都道府県レベルの情報，国家レベル，世界レベルの情報まで，さまざまな粒度で情報が流通するようになっています。その状況下で，適切に情報を理解し，自分で責任をもって判断できるようになることは，コンピュータを利用している場面だけでなく，まさにこの社会を生き抜く力として，きわめて重要です。

たとえば，着る服をどれにするかの判断（温度や季節，流行や，過日着用した服装を踏まえた判断をするでしょう），自動車の経路判断（高速道路の渋滞状況によっては一般道を選ぶこともあり得るでしょう）や，電車による移動の経路判断（経路探索ソフトによる推薦と，実際の遅延状況を踏まえて判断が求められるでしょう），誕生日プレゼントの選択（相手の好みや予算，時代の流行などさまざまな情報を吟味する必要があるでしょう），日常の買い物まで（冷蔵庫の中身を思い出しながら判断することがあるでしょう），日常生活の随所に求められます。

こうした思考過程では，ときに周囲の人からさまざまな意見が提供されることもありますが，その人の意見を吟味せずに受け入れるのではなく，あくまで自分で主体的に意思決定を行うことが大切です。

◉ICTとの関連

ICTが進歩し，私たちは携帯電話などの情報端末を用いて，インターネットに常につながり，情報を入手することが可能となっています。ちょっとしたことでも，さまざまな情報源から多角的に情報を入手して検討したり，友人知人に意見を求めることが可能になっています。最近では，“インターネット知恵袋”のようなサービスを用いて，見ず知らずの第三者から情報提供や意見を募ることも容易になりました。

もちろん後の章で取り上げるように，情報のクオリティや真偽を的確に見定める「メディアリテラシー」も大切ですが，このエピソードのように，どれも信憑性は高いものの，粒度が異なる情報を複数入手した場合には，どれを信じて行動すればよいかという「正解」はありません。そこでの意思決定は，まさに経験と信念に照らして行われるといってもよいでしょう。

2-3 朝の会：ワークシートの回収《アルゴリズム的思考による作業の効率化》

【エピソード】

ホームルームの時間です。冒頭で先生が，「では，昨日宿題として配布された３種類のワークシートを回収してください。それと後で私が見やすいように，出席番号順で並べ替えてください」と声を掛けました。

そこで，学級委員のヒロミが呼びかけたところ，アツシ，リョウが手伝いを申し出ました。それぞれのワークシートを，まずは席の後ろの方から前に回して集めましたが，出席番号順にはなっていません。ワークシート１をアツシが，ワークシート２をリョウが，ワークシート３をヒロミが，手分けして並べ替えます。

あわてん坊のアツシは，「ウリャー！」と叫びながら，がむしゃらに，急いで並べ替えました。

堅実なタイプのリョウは，ワークシートを束にして，１枚目と２枚目を比べ，１枚目の方が番号が大きければ入れ替える。次に，２枚目と３枚目を比べ，同じように比べて入れ替える...という手順を繰り返しました。最後まで終わると，また１枚目と２枚目から始め，最後の１つ手前まで終え，また１枚目と２枚目から始め，最後の２つ手前まで終え... といった手順を，テンポ良く淡々と繰り返しました。

ヒロミは落ち着いて，まず，ワークシートの束から１枚抜き出しました。次に，その番号より小さいものを左側に重ねていき，大きいものを右側に重ねていきました。そして，それぞれの束について，同じように１枚抜き出して，左側と右側に分けて重ねていきました。最後に，右側の束が下になるよう，すべての束を順に重ねました。

しばらくすると，まずヒロミがワークシートの並べ替えを終えました。次に，リョウが，そして，アツシが終えました。

アツシは並べ替えに自信があったようですが，終えたのは最後でした。ずいぶんとがんばったのに一番遅かったので，とても残念そうです。しかも，後で先生が確認したところ，並べ替えに間違いがあることがわかりました。リョウもヒロミも，並べ替えに間違いはありませんでした。ただ，ヒロミの方がだいぶ速く並べ替えを終えました。その秘密は何だったのでしょうか？

まず，アツシの並べ替えは，特に手順を決めることなく思いつき（ヒューリスティクス）に基づくものでした。そのため，時間がかかった上に，ちょっとした勘違いなどにより，並べ替えに間違いが生じたようです。このような並べ替えが，まれにとても早く終わることもあります。しかしほとんどの場合は時間がかかる上に，間違いが生じることもしばしばです。

次に，リョウとヒロミの並べ替えは，「アルゴリズム」に基づいています。アルゴリズムとは，決まり切った手順であり，誰でもその通りに処理すれば，同じ結果が得られます。

しかし，二人の使った並べ替えのアルゴリズムは，手順や速度が異なります。リョウの並べ替えは「バブルソート」と呼ばれるもので，並べ替えのアルゴリズムの中では，基本的で単純な考え方ですが，最も時間がかかるものです。ヒロミの並べ替えは「クイックソート」と呼ばれるもので，さまざまに考案された並べ替えの方法の中でも，速く並べ替えられる方法の一つです。

リョウはテンポ良く処理したにもかかわらず，ヒロミよりも時間がかかってしまったことで，もっと良い並べ替えの方法があることを知りました。そして，後でヒロミに教えてもらいました。次に，アンケート用紙などを並べ替えるときには，リョウは今回よりも素早く処理できるでしょう。

◉情報活用能力の三本柱との関連

まず，並べ替えるために便利なアルゴリズムがあるという知識は，「情報手段の特性の理解」に該当します。そして，並べ替えるという行為にその知識を適用できるのであれば，「情報手段を適切に活用」に当てはまります。そして，実際に処理できるのであれば，「情報手段を……処理……」にも当てはまるでしょう。アツシのように，アルゴリズムを知らなければ，時間がかかるだけでなく，ちょっとした間違いも生じます。

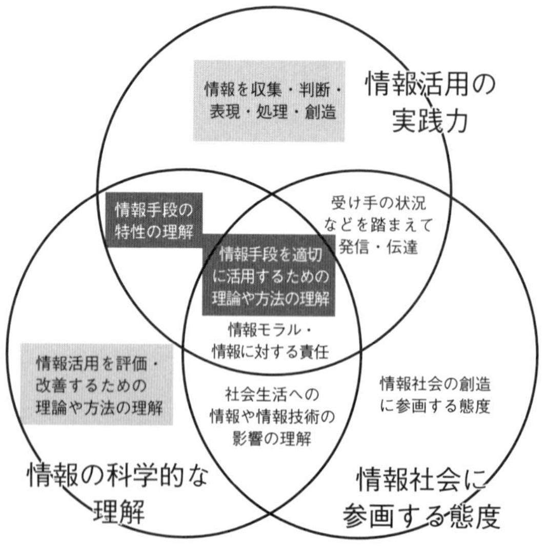

ところが，リョウやヒロミのようにアルゴリズムを知っていれば，効率よく処理することができます。このように，理解があるか，活用できるかで，処理の効率は全然違ってきます。さらに，アルゴリズムには種類があり，それぞれの特性を知ることで，理解はさらに深まります。

また，リョウのように自身の情報活用を評価し，他の良い方法を知り，取り入れることで改善するといった行為は，まさに「情報活用を評価・改善するための理論や方法の理解」に当てはまります。

◉どのように育成すべきか

並べ替えのアルゴリズムのような知識は，このエピソードのように，いくつかの方法を子どもたちに割り当て，競争することを通して，速さの違いを体験させることが重要です。その上で，なぜ速さが違うのかについて，手順を追って考えさせると，納得の度合いも違ってくるはずです。

また，まれにヒューリスティクスがアルゴリズムに勝ることがあります。なぜそのようなことが起きるのか，それぞれのアルゴリズムの長所や短所も交えて説明すると，理解がより深まります。

興味のある子どもには，じっくりと考えさせると，論理的な思考も育成されるでしょう。

◉生活との関連

人間の感性も大事ですが，社会を生き抜く上で，「アルゴリズム」的な発想も重要です。このエピソードでは「並べ替え」を扱いましたが，生活のさまざまな場面では，無意識のうちに手順を覚え，手順通りに動いていることが多く見られます。たとえば，横断歩道を渡る時，冷蔵庫から飲み物を取り出して飲む時，レジでお金を払う時，などなど。

より良いアルゴリズムを知れば，自分の情報処理の速度がより素早くなります。また，アルゴリズムで考えれば，より良く処理するためにはどうすればよいのか，論理立てて考えることで，糸口を見出すことが可能です。

◉ ICT との関連

コンピュータは「アルゴリズム」に基づいて動いています。だから，いつも同じように，素早く計算や処理をしてくれます。もしコンピュータが，アツシのように，その時々の思いつきで動いていたらどうなるでしょうか？計算や処理の結果が，異なってしまうこともあるでしょう。普段何気なく使っているコンピュータが，「アルゴリズム」に基づいて動いているからこそ，安心して使えるのです。

◎コラム：バブルソートとクイックソート

バブルソートの考え方は単純であるため，並べ替えアルゴリズムの学習では，導入に当たります。プログラミングで考えると，2 重のループと条件分岐，変数の入れ替えといった事柄を学ぶことができます。しかし，その性能は悪く，対象データ数 N とすると，N^2 に比例する時間（ビッグオー記法では，$O(N^2)$）を要するため，並べ替えアルゴリズムの中で最も時間がかかります。

クイックソートは，標準的な並べ替えアルゴリズムの中で，最も速いものです。

対象データが元々どのように並んでいるのかにもよりますが，平均的な所要時間は $N \times \mathrm{Log}\,N$（ビッグオー記法では，$O(N \times \mathrm{Log}N)$）であり，バブルソートに比べてかなり高速です。

両者を比較すると，例えばデータ数 $N = 40$ とした場合，バブルソートでは $40^2 = 1{,}600$，クイックソートでは $40 \times \mathrm{Log}40 \fallingdotseq 214$ ですから，クイックソートの方が 7.5 倍くらい速いのです。

2-4　国語：ディベート《根拠に基づいた説明・話し合い》

【エピソード】

国語の時間です。今日はディベート中間発表の日。「インスタント食品とわたしたちの生活」を題材に，インスタント食品の是非について初めて討論を行います。サトウ先生が「いよいよ初めてのディベートですね。これから５分で，賛成派と反対派で，最後の準備の打ち合わせをしますよ」と声を掛けました。

アツシ・シホ・ハルナは賛成組。ヒロミ・リョウ・ユカは反対組に回って最後の調整です。「インスタント食品は，やっぱり大事だよね。インスタント焼きそばおいしいし」。アツシが息巻いています。ハルナも「カップラーメンとか冷凍食品とかないと，いざというとき困っちゃうしね。お母さんもお弁当づくりが大変になっちゃう」とノリノリです。「え？　ちょっと待ってよ？」シホが疑問を呈しました。「もっと，教科書に書いてあったいろいろなことをきちんと使って説明した方がいいんじゃない？」

それに対してアツシは言いました。「やっぱりみんなが“そうだねっ”て思ったら勝ちだと思うんだよね。だから気持ちで押さなきゃ！」ハルナもウンウンとうなずいています。シホは二人の勢いに押されて，“まあ中間発表だし，今回はいいか”とちょっとあきらめぎみです。

さぁ，ディベートが始まりました。まずは賛成派の意見表明です。アツシが先陣を切りました。「みんな，○ちゃん焼きそば，大好きだよね。いつもおやつに近所の青木屋で買って食べてるじゃない。あのおいしい焼きそばを食べられなくなったら，困らない？　だからインスタント食品は大事なんです！　そう思うでしょ？」それに対して反対派のヒロミが言いました。「でも，そんなものばかり食べていたら栄養が偏ってしまうと，教科書の文にも書いてあります。味つけも濃いから，おうちの味つけに満足できなくなっちゃうよ」。すかさずアツシは反論します。「でも，おいしいと僕たちが感じることが大事なんだよ，なあ，みんな」。おやおや，もうみんなに向かって同意を取ろうとしています。

するとリョウがなにやらグラフを出してきました。「僕は図書館の本もいろいろ調べてみたんだけど，インスタント食品を食べていると肥満が多いと，この本に書いてあるよ。子どもの時に食べ過ぎて太ると，大人になった時に成人病のもとになっちゃうんだよ」。アツシは思わず，うーん，とうなってしまいました。

すかさずハルナがフォローします。「でも，みんなの遠足のお弁当にも冷凍食品のミートボールが入っていたりするでしょ？　お母さんたちにとっては料理が楽ちんになるし，それでお弁当を作ってもらえるおうちも多いと思うんだ」。クラスの何人かは，ほうほう，とうなずいています。するとユカが言いました。「でも，もしも冷凍食品ばっかりだったら，お母さんの味付けをお弁当で食べられないなんて，もったいないんじゃない？　家ごとの味が失われてしまうのが問題だって，教科書の文章にも書いてあるよ」。たしかに書いてあるね，とクラスのみんなが納得顔です。ハルナも「しまった」という顔をしています。

そこでシホがフォローをしました。「反対派のみんなが言うように，カップ焼きそばとか冷凍食品には問題がありそうだけど，インスタントであることが問題なのかなぁ。たとえば，干し柿とか，そばがきとか，葛湯とか，昔から簡単に作れて，いつでも食べられる便利なものもあったよ。それは教科書の文で書いてあったよ」。するとクラス全体から，“ほほぉ”という声があがりました。ユカも“おっと”とびっくり顔になりました。

するとサトウ先生が「はい，そこまで」と割って入りました。「2組とも，練習にしては良い討論ができましたね」とにこにこ顔です。「みんなが納得していたのは，どんなシーンでしたか？　教科書に書いてあったことや，図書館で調べてきたことを踏まえていたときが，へーって顔をみんなしていましたね。何かを主張する時は，気持ちも大切ですが，感情だけではなく，理由や根拠が必要なんだよ。今回，根拠の大切さを感じることができたのではないかな，と思います。本番に向けて，がんばってくださいね」。

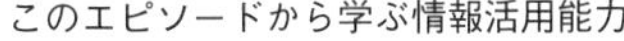
このエピソードから学ぶ情報活用能力

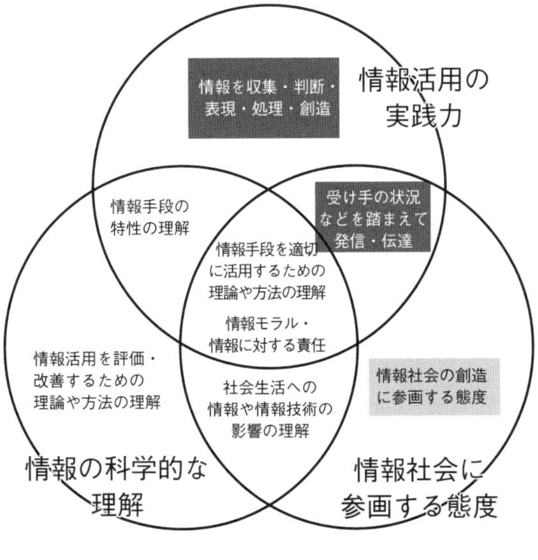

◉情報活用能力の三本柱との関連

何かを説明する時に，その理由や根拠を的確に述べて，論を組み立てるスキルは，「情報を収集・判断・表現・処理・創造」に該当します。もちろん気持ちを伝えればよい時もありますが，相手を説得する時は，「受け手の状況などを踏まえて発信・伝達」する必要があり，場合によっては，適切な情報を根拠として用いて表現することができれば，相手が納得・同意するような説明をすることができるでしょう。

こうしたスキルは，OECD（経済協力開発機構）のPISA調査でも測定されており，21世紀を生き抜くスキルとして注目されています。自分の説明したいことを応援してくれる客観的なデータや文章をうまく見つけ，それを上手に処理・統合して表現する力は，これからの国語教育で育成されるべき力でしょう。

また，情報や情報機器を活用しながら，他者との対話や議論を通して，自分たちがどのように行動すべきかを考えていくことは，「望ましい情報社会の創造に参画しようとする態度」にもつながるでしょう。

◉どのように育成すべきか

根拠となる情報を使って説明する力は，特にディベートのように複数の立場で論争しあうような活動で育成できると期待されます。もちろん国語だけでなく，たとえば学級活動の時間でも，学芸会の演目の選択を行う場面で，なぜその演目が良いのかということを，資料を提示したり調べ学習したりしながら説明できるようになるとよいでしょう。

◉生活との関連

もちろん，生活の場面すべてで論理的に考えたり，説得的に考える必要はありません。人間の感性や感情も大切です。しかし，ある主張や社会事象に対して「なぜそのように考えられるのか」，「なぜそのようにすることが許されるのか」と，批判的に検討する姿勢を常日頃から持つことは，これからの社会に参画する態度としてきわめて重要です。グローバル化が進み国家や企業の力が弱まる中で，国家権力ではなく，自立した市民の連帯によって社会を築いていく「市民社会」が求められるようになってきており，一般市民が日常生活を良くしていく為に，主体的・批判的に考えたり，説明をしたりしながら社会に関わることが，市民の責任として必要となってきているからです。このとき，単に感情論で議論するのではなく，客観的なデータやエビデンスに基づいて考えたり，説明をできるようになるかどうかが，社会の創造・発展に関わる善良な市民となれるか否かの分かれ道となるのです。

◉ ICTとの関連

ICTはこのエピソードには出てきませんが，調べ学習などでコンピュータを利用して情報収集した場合に，得られた情報がどれだけ客観的で，信頼できるものであるのかを吟味する必要が生じます。そして，得られたさまざまなデータをもとに，賛否両論の立場から冷静に考えられるようになることが大切です。小学生の段階でそこまで行き着くのは難しいですが，2-10のエピソードはその第1ステップとみなすとよいでしょう。

2-5 社会：調べ学習《情報収集・表現・判断，そして創造へ》

【エピソード】

社会科の調べ学習が始まりました。「アクセルチームにだけは負けないからね」とヒロミはリョウに向かってすごんでみせますが，顔は半分笑っています。「水平対向チームってなんだよ！　変な名前〜」リョウがからかいます。「なにさ！」とリョウを追いかけるヒロミですが，確かにリョウの言うとおりだと思います。これはお父さんのせいです。一昨日の夜，班名をどうしようかと考えている時にお父さんがやってきて「自動車産業について調べるなら『水平対向チーム』にしなよ」と言って候補リストの最後に書き加えちゃって，それを私が消し忘れて，よりによってアツシが気に入ってしまって……と，こういうことなのです。あ，そうそう，二人がなぜ牽制し合っているのかというと，サトウ先生のアイデアで，同じテーマで壁新聞をつくって競い合うことになっているからです。同じ班のシホも，リョウたちには負けられないと張り切っています。

今日は，分担して調べてきた内容を記事にしていく作業に入ります。アツシは国内の自動車生産台数の変化を図書館で調べて来ました。ノートには成果の数字が並んでいます。アツシが「ヒロミ，これをパソコンで」と言いかけた時，アクセルチームのリョウが偵察にやってきて突然アツシのノートを取り上げようとしました。アツシは身を呈してノートを守ろうとしたのですが間に合いません。ノートを見たリョウは余裕の笑顔を見せます。「こんなちんけな調査じゃあ俺たちには勝てないぜ。なにしろ，昨日姉ちゃんに頼んでググりまくったからな。今回はもらった」。リョウは意気揚々と帰って行きました。シホは怒って追いかけて行きましたが，今日のアツシは冷静です。「これ，グラフにしてほしいんだけど。そういう計画だったよね？」ヒロミはアツシのノートを受け取ってデータを入力します。パソコンを使えばグラフを自動的につくってくれます。画面には色鮮やかな棒グラフが表示されました。「きれいだね，これを印刷して貼ろう」。アツシは満足そうに言います。

そこにシホがニヤニヤしながら戻ってきました。「たぶんうちらの勝ちだ。リョウたち，模造紙に数字をそのままズラーって書いてるよ。うひひ」。シホの報告を聞いてアツシも調子に

乗ります。「どんな情報があったって見た人にわからなきゃあ意味ないよな。見てくれよ，このきれいなグラフ。勝利の方程式だ」。ヒロミもガッツポーズで立ち上がろうとしましたが，急にシホの顔から笑顔が消えたのを見て座り直します。「このグラフじゃだめだ」。シホはそう言うと，せっかく作ったグラフを消去してしまいました。急にはしごを外されたアツシは言葉がでません。なぜダメなのかと聞くヒロミに向かってシホが言うには，グラフには種類ごとに得意技があるのだそうです。いろいろな国の自動車生産台数を比べるなら棒グラフでいいけど，今回のように時間の経過による生産台数の変化を示す場合には折れ線グラフにすべきだとシホは言います。ヒロミは夏休みの自由研究で一ヶ月の気温を折れ線グラフでまとめたことを思い出して，なるほどと思いました。しかし，アツシは食い下がります。「でもさあ，社会の教科書では月毎の降水量は棒グラフになってんじゃん。これも時間による変化じゃん」。教科書を見ると確かに降水量は棒グラフになっています。ヒロミは，混乱しましたが，シホは「とにかく，この場合は折れ線でいいんだよ。議論終わり！」と強引に話を終わらせてしまいました。こういう時のシホに逆らってもいいことがないことを知っているヒロミは，何も言わずに棒グラフを折れ線グラフに作り変えました。アツシは渋い顔をしていましたが，折れ線グラフをみて機嫌が直りました。こっちの方がプロっぽくて格好いいから，というのがその理由ですが。

シホとアツシが説明用の文章を考えている間に，ヒロミはアクセルチームの様子をのぞきに行きました。シホの報告どおり，文字でぎっしりと書いてある記事は圧迫感がありますが，大見出し，小見出しが工夫されていて意外に読みやすい気がします。うちの班もこの点は見習うべきだとヒロミは思いました。『外国生まれの日本車』という見出しに興味をもって眺めると，日本の自動車メーカーが外国で生産している自動車の台数がだんだん増えていることが書かれていて台数のデータも載っています。ヒロミは，もしそうなら，国内の生産台数は減っているのかもしれないと思いましたが，アクセルチームは，国内生産台数の変化については触れていません。ヒロミは好奇心が抑えられず，記事を書いていたハルナとユカに話しかけます。「ねえ，この海外生産の数字と，うちの班の国内生産の数字をグラフにして並べてみたいんだけど，一緒にやらない？」二人は突然の申し出にびっくりしましたが，ヒロミが何を知りたいのかがわかって「私たちもそれやってみたい」と言ってくれました。リョウは，スパイだとか，泥棒だとか騒ぎましたが，結局，女子三人組に押し切られて大人しくなりました。

２チームの６人が一緒にパソコンを取り囲んでいます。ヒロミは，アクセルチームの数字から折れ線グラフを作って，自分の班のものに重ねます。が，海外生産の折れ線が低すぎて全く見えません。なんだか期待外れだと嘆くヒロミですが，ユカの指摘で単位がそろっていないことがわかりました。アクセルチームの数字は単位が万台でした。これでは重ねても意味がありません。ヒロミは正しく数字を打ち直して再びグラフを作成します。今度は，二つの折れ線が画面に表示されました。皆から歓声が上がります。他の班の子も何事かとのぞきに来ます。「海外の生産がどんどん増えているね。それにつれて国内生産が減っているとはいえないけど，少なくとも横ばいになってことはわかるね」。こう言いながらヒロミは，なぜ海外生産が増えたのかを国内生産との関係で説明できたらおもしろいかもしれないと考えていました。いつの間にか，サトウ先生もヒロミたちの後ろに立っていました。二つの班の調査結果を組み合わせることで得た発見について興奮しながら報告するシホやリョウの顔を，先生は嬉しそうに見ています。ヒロミは，競争も楽しいけど，パズルのピースを持ち寄って一緒に組み立てていくような活動もいいもんだなと思いました。

◉情報活用能力の三本柱との関連

このエピソードの中でヒロミたちが行ったことは，「情報の収集・判断・表現・処理・創造」に関わっています。アツシとリョウはそれぞれ図書館，インターネットを利用して情報収集をしています。もちろん，他の班の壁新聞を偵察に行くのも情報収集です。データをグラフ化するのは情報の表現に当たります。また，壁新聞を見やすく構成するために見出しをつけたり，文字の大きさを変えたりすることも情報の表現です。情報表現は，「受け手の状況を踏まえた発信・伝達」にも関わります。

このエピソードから学ぶ情報活用能力

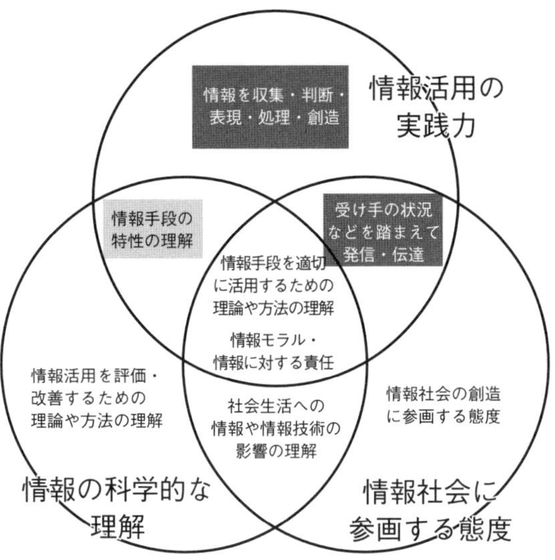

グラフは，数値情報をより把握しやすくし，効果的に伝えるための表現です。壁新聞の見出しも，その内容を端的に伝えるための情報であり，表現です。これらについて知っていることは，「情報活用の基礎となる情報手段の特性の理解」に当たります。

グラフに基づいて何らかの考察をするならば，それは判断ということになります。判断には，適切な表現が必要です。判断にあたっては，複数の情報を並置して考えることも非常に重要です。情報の並置によって，新しい意味が創造されます。

◉どのように育成すべきか

情報の収集，判断，表現，処理，創造は，独立したスキルではなく総合的なものです。例えば，情報の収集や処理は表現や判断を念頭に行なわれなくてはなりませんし，情報に基づく判断や創造は，情報収集や表現の特性の理解に基づいてなされます。このような総合的能力の育成には，一つの目標に向かって複数のスキルを組み合わせていくような課題が適しています。このエピソードで取り上げた調べ学習はその一例です。また，情報の表現や判断においては，他者の目を意識することが必須です。このためには，グループ学習の導入が効果的です。

◉生活との関連

情報の収集，表現，判断等は，社会における多くの仕事において要請されます。商品企画，システム開発，営業，生産管理等はもちろんですが，農業や漁業といった第一次産業でも情報活用能力は重要です。近年，これらの産業において気象や商品相場等のデータ活用が進んだという事実もありますが，本来，農業や漁業は，自然の中から情報を読み取り，処理し，判断するという高度な情報処理を含んだ仕事なのです。もちろん，情報活用能力は，仕事以外の日常生活においても発揮されるものです。

◉ ICT との関連

インターネットは情報収集の効率を高めました。しかし，これによって図書館での資料収集や聞き取り調査のような従来の情報収集手段が否定されたわけではありません。それぞれの特徴と限界を意識しながら組み合わせていくことが大切です。パソコンは情報表現のツールとして便利ですが，最終的な判断を下すのはパソコンではなく人だということを忘れてはいけません。

2-6 昼休み：偽手紙事件《情報モラルと個人情報管理》

【エピソード】

昼休み，ヒロミがトイレから戻ってくるとハルナが泣いていて，シホとユカがリョウに詰め寄っています。仲良し同士の小競り合いは珍しいことではありません。牛乳を飲んでる時にリョウがギャグを言って笑わせた，とか，さしずめそんなことに違いありません。茶々を入れようと近づいたヒロミは，しかし，ユカの厳しい声に事態の深刻さを知ることになります。「あんた最低だよ！」ユカの剣幕に，リョウは無言でうつむいています。いったい何があったのでしょうか。シホが言うには，リョウがハルナに悪口を書いた手紙を送ったらしいのです。シホが見せてくれた手紙は短いものでした。

「**ハルナへ　大嫌いです。もう絶対に話しかけないでください。リョウ**」。

これを見てヒロミも無性に腹が立ってきました。「リョウ，言いたいことがあるなら面と向かっていいなよ。手紙で悪口なんて卑怯よ！」リョウは小さな声でやっと答えます。「僕じゃない……」。しかしシホが冷たく言い放ちます。「リョウ，言い逃れはできないよ。この個性的な『で』の形，どう見たってリョウの字だよ。私たち，リョウがくれた年賀状の『おめでとう』の字を１年生の頃から見てるんだよ」。

リョウは泣き出しそうです。ちょっとかわいそうですが，ハルナの気持ちを考えれば絶対に許せません。なぜこんなひどいことをしたかを本人の口から説明させて謝罪させなければ気が済みません。でも，いくら謝らせても，もう，今までの楽しい仲間に戻ることは難しいように思います。ヒロミは悲しくなりました。いつの間にか，ユカも涙目です。

「ねえ，おねえちゃんたち，何があったの？」素っ頓狂な声にヒロミは我に返ります。弟のアキヒロです。「あんた，なんで５年生の教室にいるのよ！」声を荒げるヒロミを「いいからいいから」といなしてアキヒロはシホから事情を聞いています。アキヒロは刑事になることを夢見る探偵マニアです。今も，まるで人気アニメ「ピンク・プーマ」のナカノ警部のように芝居がかった仕草で問題の手紙を手に捜査を開始しました。ヒロミはあきらめ顔です。

教室の床を這っていたアキヒロが突然声を上げました。「これはリョウ君の書いた手紙じゃないよ！」「でもぉ」と不満げなシホを押しとどめてアキヒロは続けます。「これを見てよ。リョウ君の机の下に落ちてたんだ」。アキヒロの手には，国語のテストが。リョウの名前が汚い字で書いてあります。「それがなんなのさ」とユカがイライラをぶつけます。「ここ」と言ってアキヒロが指した先を見て，ヒロミは，はっとしました。リョウは，『ぜったい』を漢字で書けないんだ。回答欄には怪しげな創作漢字が並んでいます。ということは……「おねえちゃんも気づいた？　もしこの手紙をリョウ君が書いたなら，ここは，ひらがなかカタカナでないと説明がつかないんだよ」。

そこにやってきたのは隣のクラスのカナデです。幼稚園からの幼馴染みなのですが，自己チューなカナデとは最近あまり遊ばなくなっていました。何があったのか聞くカナデにシホが答えようとしますが，それを押しとどめてアキヒロが事の経緯を説明します。話を聞いたカナデは猛然とリョウの腕をつかんで責めたてます。「早く白状しろ。俺だっておまえの癖字はよく知ってるぞ！　誰がみたってリョウの字じゃないか。漢字？　そんなの辞書で調べたんだろ。卑劣な奴だ！」震えるリョウを突き飛ばしてカナデは続けます。「ハルナちゃんがどれほど傷ついたかわかってるのか？　こんな手紙を机の中に入れやがって！」カナデがそう言うと同時にアキヒロが冷徹に告げました。「カナデ君，僕は，手紙が机の中に入っていたなんて一言も言ってないよ」。

……泣きじゃくるカナデが言うには，リョウたちが仲良くしているのがねたましくて年賀状のリョウの字に似せて偽の手紙を書いたということです。もう二度としないと約束したカナデを解放したあと，みんなはリョウに謝ります。リョウは疲れた顔をして言います。「もういいよ。わかってもらえて本当によかった。でないと僕，ハルナに……」。言いよどむリョウの顔を泣き止んだハルナがのぞき込みます。「私に何？」「何でもない」。怒ったように言うとリョウは教室を出て行ってしまいました。「途中でやめんなよ。イライラすんなあ～もう」。シホが後ろからどなります。リョウがこの続きを言うのが６年後だということを，ここにいる誰も知りません。

このエピソードから学ぶ情報活用能力

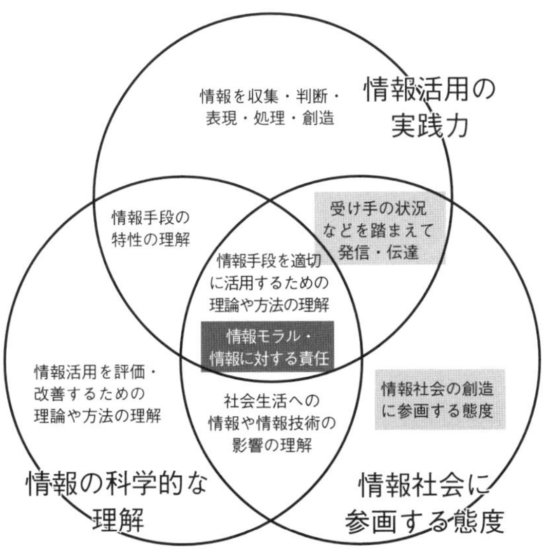

◉情報活用能力の三本柱との関連

偽の手紙を使って人を陥れることは道徳的に許されません。これは，「情報モラル・情報に対する責任」に関連する問題です。カナデは，この手紙の負の効果をある程度想定して書いたわけですが，実際にこれを読んだハルナがどれほどのショックを受けるのかについて想像力が足りなかったのかもしれません。これは，「受け手の状況などを踏まえて発信・伝達」するということに関わる問題だといえます。社会は人と人との信頼関係で成り立っています。悪意のある情報はその関係を崩壊させてしまいます。ヒロミが感じたように，いったん悪意のある情報によって翻弄された人間関係は，なかなか元には戻りません。場合によっては加害者も傷つくことになります。情報が他者にあたえる影響とメディアの特性をきちんと理解した上で情報モラルに配慮した行動がとれることは，「情報社会の創造に参画する態度」として，今後ますます求められます。

◉どのように育成すべきか

ただ「ダメ」と言い含めるだけではモラルを身につけることはできません。被害者の身になって「自分だったらどう感じるか」を考えるような活動が求められるでしょう。誰でも自分の痛みはわかるからです。一方で，加害者の気持ちを忘れてはいけません。ここでは悪者のカナデですが，彼だけが悪いのでしょうか。彼はなぜ偽手紙を書いてしまったのでしょうか。情報モラルに反する事件はいっこうになくなりません。私たちは，自分が被害者にならないために，そして自分が加害者になってしまわないためにも，モラルに反してしまう人々の気持ちを理解し，加害者を作り出す要因を知っておくべきです。

◉生活との関連

情報モラルの問題は日常生活の至るところで発生します。新聞やテレビで報道されるような事件は氷山の一角に過ぎません。リョウの例が示すように，私たちが何気なくやりとりする年賀状でさえ個人情報の流出や悪用といった危険と隣り合わせです。また，リョウは答案用紙を落とすという不注意によって個人情報を流出させています。今回はこれによって救われたわけですが，場合によってはトラブルに巻き込まれる可能性もあります。このエピソードでは悪意が明確ですが，生活する中で全く悪意がないまま人を傷つけてしまうこともあり得ます。

◉ ICT との関連

カナデは，リョウの名前を使って悪意の手紙を書いてしまいました。このような「なりかわり」の問題は，インターネットを使ったコミュニケーションにおいて多発します。ID やパスワードの不正取得によって他人の名前でメールを書いたり，オークションに出品したりするような人が存在します。多くの人が不注意によって ID やパスワードを盗み取られています。そして，リョウのように，本人の意に反して加害者として非難されることになります。また，ブログや Twitter 等の気楽に発信が可能なメディアでは，悪意の有無にかかわらず，他人を傷つけたり，デマを流布させてしまうことがあります。影響範囲が非常に広く，本人が思っている以上に事が大きくなってしまうのもネットメディアの特徴です。

2-7 図画工作：ポスター作り《著作権についての初歩的理解》

【エピソード】

５時間目は，図画工作の時間。先生が声をかけました。「来月は運動会ですね。これから何回かの授業で，みなさんには，地域の人たちが運動会を見に来てもらえるような，素敵なポスターを作ってほしいです。今日は，どんなポスターを作るのか，最初の 20 分くらいで下書きを描いてみてください。先生がぱっと見て，どんな絵を描こうとしているのか，だいたいわかるようにしてくださいね」。

さっそく，クラスのみんなはスケッチブックを開いて作業に取りかかりました。

20 分後，先生から「それでは，何人かの人に，どのようなポスターを作るのか，教えてほしいと思います。みんなに向かって発表してください。誰から発表しますか？」と声がかかりました。

するとシホが手を挙げました。下書きには，太陽と校庭と学校の校舎，それにテントと旗が描かれています。「わたしは，秋晴れの空の下で元気に運動会を行いたいと思うので，晴れた校庭でテントを張って，旗が飾られている絵を描きたいと思います」と紹介しました。先生は「なるほど。明るく素敵なイメージになるといいですね」とコメントしました。

次に，リョウが手を挙げました。「ぼくは，運動会のクライマックスの，騎馬戦をアピールしたいと思いました。だから，ちょっと難しいけど，騎馬戦の絵を描きたいと思います」と紹介しました。下書きには，２組の男の子が騎馬戦で戦っている絵が描かれていました。先生は「動きのある絵を描くのはなかなか難しいけど，リョウ君は細かい表現も得意だから，大丈夫でしょう。ぜひチャレンジしてみてください」とコメントしました。

３番目に，アツシが手を挙げました。「ぼくは，これから小学校に入る幼稚園生も，卒業した中学生も来てほしいと思っています。だから，みんなが注目するように，ピ○チュウがはちまきをしてバトンを持っている絵を描きたいと思います！」と紹介しました。下書きには，ピ

○チュウがバトンを持っている絵が描かれていました。

するとヒロミが手を挙げました。「アツシ，それはちょっとよくないんじゃない？」ユカが続いて手を挙げました。「みんな自分の絵でポスターを魅力的にしようと思っているのに，他の人が作ったピ○チュウに助けてもらうのはズルイよ」。アツシはエッて顔をしています。

サトウ先生は二人の意見を聞いて，アツシに言いました。「アツシ君，みんなに来てもらいたいという気持ちはとってもよくわかります。そのためにピ○チュウの力を借りたくなったんだよね。でも，ピ○チュウを描いている作者の人は，どう思うんだろう？　学校の授業で作るんだから，自分の力で描いてほしいと思うんじゃないかな」。

「アツシ君だけでなく，みなさん，実は，アニメでもマンガでも絵でも，描いた作者の人が大切にしたいと思っていることがあるんです。たとえば，皆さんが作ったキャラクターが，自分が望まないような服を着せられたり，格好をさせられたりして，それを町の中に飾られたら，どう思うかな？　運動会の格好をしているピ○チュウならいいかも，と思うかも知れないけど，作者の人にきちんと聞いて，やってもいいよ，って言ってもらわないと，そうしたことをしてはいけないんだよ」。

アツシはシュンとしながらも言いました。「自分一人のために描くならともかく，他の人に見せたりする目的で，他人が作ったものを勝手に作りかえたら，作者の人に失礼だということですね。もう少し考え直してみます」。ハルナがアツシに声をかけました。「だったら一緒に考えてあげようか」。

◉情報活用能力の三本柱との関連

知識基盤社会においては，知識の創造と流通が，経済・文化活動の根幹となります。他の人が創造した知識や情報の権利を大切にすることは，「情報社会の創造に参画する態度」の重要な要素です。人々が安心して知識を創造したり，流通できる社会を作っていく上では，たとえ子どもであっても，知識を創造した人を尊重することをしっかりと意識させることが，大切になってきます。

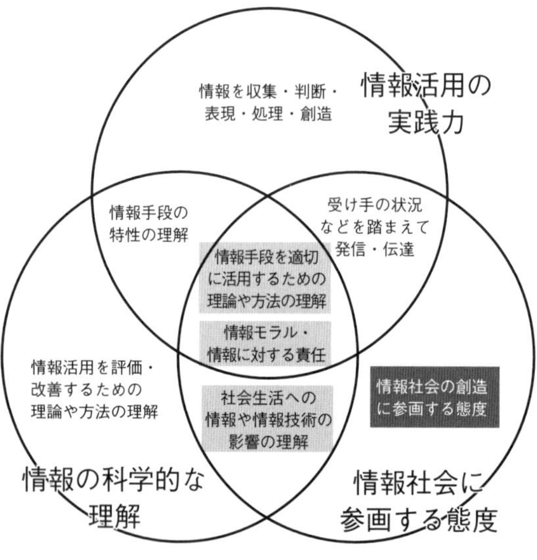

しかし，小学校5年生という段階では，権利という考え方を意識することはなかなか難しいことも事実です。当然人気アニメやマンガのキャラクターを使って，あるいはデフォルメして作品を作りたいと考えたり，実際にそうした絵を描いたりすることは起こるでしょう。しかし，これは情報を表現したり，創造したりする上で適当な活動とはいえません。

なぜなら，人気アニメやマンガのキャラクターは，著作権によって保護されている著作物だからです。著作権のある情報をどのように活用すべきかについて知っていることは，「情報を適切に扱うための基礎的な理論や方法の理解」に当たります。

アツシの場合，著作権の中でも，同一性保持権，公表権といった著作者人格権を意識しないまま，ピ○チュウのキャラクターを図画工作の作品に使ってしまいました。

それに対して，ヒロミやユカは“他人が作ったものの力を借りるのは良くない”という意見を述べました。これは，特に図画工作という授業で，情報を表現したり創造したりする絵画の活動としては，適切な態度や方法ではないと指摘した意見だといえるでしょう。そうした側面から，情報社会の創造に参画する態度を身につけさせることも大切です（ただし，「模写」としての活動であれば，授業において必要であると判断できるため，許されるでしょう）。

しかし，この場面でそれ以上に大切なのは，サトウ先生が言うように“作った人の気持ちを考える”ことです。アニメやマンガのキャラクターに限らず，何かの情報を活用しようとする時に，それを最初に創造した人の気持ちを尊重する心構えさえしっかりすれば，オリジナルの情報や作品を勝手に改変したり，複製して公開したりすることは避けられるでしょう。

◉どのように育成すべきか

著作権には，著作者人格権だけでなく財産権があります。著作財産権には，複製権，上演権，演奏権，上映権，公衆送信権，口述権，展示権，頒布権，譲渡権，貸与権，翻訳権，翻案権があり，これらの行為を営利目的で行うには，著作者の許諾が必要です。

中等教育段階になると，こうした著作権の全体的な理解は「情報モラル・情報に対する責任」の基盤となりますが，初等教育段階では，細かい知識よりも，基本的な考え方や態度を身につけさせ，考えさせることが大切になります。児童が自分の立場で考えるためには，著作財産権の内容よりも，著作者人格権（氏名表示権，公表権，同一性保持権等）に焦点をあてたほうが学習しやすいでしょう。

指導を簡略にする為に，Don't lists（してはいけないことのリスト）を作って伝達する授業を行う方をよく見受けます。それも財産権に焦点をあてて行われる事例をよく見かけます。しかし，本当に大切なのは，なぜ著作権を尊重しなければならないのかを，自分の立場で考えさせるということです。

たとえば，自分が作ったオリジナルのキャラクターを，一人で，あるいは兄弟で楽しむために，模写したり，改変をすることには，多くの子どもにとっては抵抗がないことでしょう。しかし，知らない人に，自分が希望していない変な格好に変えられて公開されたらどう思うでしょうか。あるいは，その人の作品だとして発表されたらどう思うでしょうか。自分の作品を，好ましくない状態にさせられることに抵抗感を覚える子どもは，自然に多数を占めるでしょう。著作者人格権の一つの認識のもとで他人の作品をどう取り扱うべきか，小グループやクラス全体で話し合いをすると考えが深まり，態度に働きかけることができるでしょう。

◉生活との関連

今回のエピソードのように，コンピュータを使わなくとも，私たちは他の人が創ったさまざまな情報を見たり活用したりしています。他人が創った情報の権利を尊重する気持ちをもたないまま生活していると，法的にも倫理的にも問題のある行動につながることがあります。

たとえば，中等教育以上でよく見られるのはレポートの剽窃です。Webページや新聞記事，本や論文に書いてある内容をそのまま複製したり，少し編集してあたかも自分の文章のように作成して提出する例がよく見られます。社会人になってから，会社で書く報告書，新聞や雑誌に載せる記事を，ウィキペディア（Wikipedia）や他の情報源からコピーする問題も起こっています。

子どもの頃から，もともとの情報を創った作者に対する尊敬の念をもち，作者を尊重しながら情報を活用する態度をもつことを，日頃から心がけていくことが大切になります。

◉ ICTとの関連

小学校中学年以上になると，携帯音楽プレーヤーで音楽を聞くことが増えてくるでしょう。レンタルビデオ店でCDを借りて，そうした機器に取り込んだりすることも容易です。また，テレビ番組を録画したり，DVDにコピーしてあげたりということが行われるでしょう。日常生活にデジタル機器が浸透するにつれ，他人が作った作品を共有したり，複製したりということはどんどんやりやすくなっているのが実状です。これは，情報化の恩恵でもあります。

しかし，写真や音楽，動画などのデジタルデータは，複製や編集が容易で，FlickrやYouTubeなどの公開・共有手段へのアクセスも簡単です。著作権法では，作品の複製や複製した作品の利用は，個人的な利用に限られており，友人同士の貸し借りや共有は本来認められない営みです。日常的に行ってしまいがちな行為とICTが結びついた時に，問題行動を誘発することがあります。こうした「社会生活への情報や情報技術の影響」を理解していく必要があります。

小学校高学年になると，タッチタイピングを習得し，学校によってはコンピュータを利用して簡単なプレゼンテーションやプリントを作成する授業も行われるでしょう。そうしたとき，安易にWeb検索で取得した画像を貼り込んだりする児童も出てくるでしょう。また，私生活の側面では，マジコンと呼ばれるポータブル・ゲームの違法複製行為が流行する問題も起こりました。

このように，日常生活でICTを活用した生活はどんどん広がっており，子どもたちが小さな頃から，情報コンテンツを創造した人を尊重して生きる態度を身につけることが重要になっているのです。

◎コラム：学校教育と著作権

先生方の間では，教育ならば著作権は気にしなくても良い，という解釈がされていることもありますが，実際は，授業の過程で利用するために著作物を複製するといった使用行為が認められているのであって，内容を勝手に改変したり翻案したりすることが許されているわけではありません。これは，子どもたちの学校の中での利用でも同様です。子どもたちだけでなく，指導する側の先生方も，うっかり著作権を無視してしまった，ということが起こっています。

文化庁では，学校における著作権について，わかりやすいパンフレットを制作し，Webページで紹介をしています。ぜひ一読をおすすめします。

http://www.bunka.go.jp/chosakuken/hakase/pdf/gakkou_chosakuken.pdf

2-8 総合的な学習の時間：学校間交流学習《ネット上のコミュニケーションとネチケット》

【エピソード】

総合的な学習の時間では，パソコンを使って北海道の北星小学校と交流学習を進めています。お互いの学校で，身の回りにある植物の様子をレポートしあって，植生の違いについて学んでいるところです。秋になってきて，北海道では葉の色づきが変わってきたのに，東京ではまだまだ，という違いを子どもたちが実感しています。最後のまとめが楽しみだな，とサトウ先生は思っていました。

ところが，今日は様子が違います。アツシがパソコンを見ながら「何だよ，それ！」と叫んでいます。「なになに」，「どうしたどうした」とユカとリョウが駆け寄ります。

どうやらアツシは北星小の仲間から来たメールを見て怒っているようです。「ほんとムカつかない？　このメール！　あいつら何考えてるかわかんないよ」。アツシがメールを見せながら，ユカとリョウに熱く説明しています。「お前らとなんかもう一緒にやってらんない，って書いてやる」とアツシはパソコンに向かってメールを書き始めました。アツシはもう頭大爆発で押さえられない状況です。

そんなアツシに「ちょっと待って」とユカが言います。「このままケンカ売ってもさ，うちらも何もできなくなっちゃうし，困るじゃん」。リョウも「このメールはたしかにカチンとくるけど，こんなメール無視して，僕たちが調べたことをそのまま送っちゃえばいいじゃん」と説得します。「でもさぁ，こんなこと言われて，黙っているのは我慢ならない！」アツシは熱くなって止まりません。

大騒ぎになっているのを見て，学級委員のヒロミが「なになに，どうしたの」と駆けつけました。ユカが状況を説明します。「アツシがね，向こうから来たメール見てカッカしちゃってさ，ケンカ買おうとしちゃってるんだよね，どうしよう」。

ヒロミは，アツシが怒った原因のメールを読みました。「うーん，たしかに，ちょっと失礼なメールだよね，アツシが怒るのも無理ないかもなぁ。でもさ，何でこんなこと言ったのかちゃんと確かめてみたほうがいいんじゃないかな」。さすが学級委員。サトウ先生は騒ぎをずっと傍観していましたが，ちょっと頼もしいのでそのままヒロミに任せてみようかなと思いました。

ヒロミは言います。「私もね，お母さんがケータイ見てすっごい怒っているのを見たことあるんだよねー。そしたら電話をかけてね。どうやらそのメールの相手にかけたみたいで，最初すっごい怒ってたんだけど，なんか誤解だったらしくて，そのあとは機嫌直って急に笑って話してた。なんかメールみたいなものだとよく起こるみたいだよ。向こうとは授業の時間が違うし，電話番号も知らないから難しいけど，ちょっと落ち着いてから，きちんと真意を聞いてみた方がいいんじゃないかな」。アツシはうーんとうなりながらも，少し揺れ動いたような表情を見せます。

ユカがアツシに言いました。「それじゃ，うちらと一緒にちょっと探りを入れるメールを書いてみようよ。あんまりカッカしないでさ。先生ー，放課後に少しパソコン使ってもいいですか？」

◉情報活用能力の三本柱との関連

電子メールを効果的に活用するためには，メールを読み書きする際に「受け手の状況などを踏まえて発信・伝達」することが大切です。このとき大切なのは，メールを書く時だけでなく読む時にもコミュニケーションの相手の状況を踏まえることが大切で，それがネチケットを守る上での基本的な考え方につながります。

このエピソードから学ぶ情報活用能力

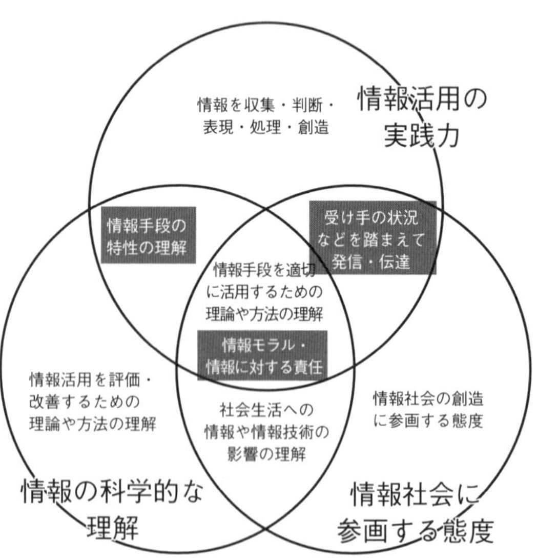

特に電子メールのようなコミュニケーションツールは，機械で書かれた文字だけで情報をやり取りするので，相手の感情や状況が伝わりにくいことが知られています。こうしたことから，アツシやヒロミのお母さんのように，メールの読み手が誤解して，書き手に対して怒りを覚えてしまう，「フレーミング」と呼ばれる現象がよく起こります。

しかし，電子メール等の「情報手段の特性の理解」をしっかりしておくことで，「情報手段を適切に活用」できるようになるだけでなく，「情報モラル・情報に対する責任」としてのネチケットを身に付けることができるようになります。

◉どのように育成すべきか

「ネチケット」は，コンピュータ・ネットワークを利用した生活におけるエチケットを指す言葉ですので，本来は，電子メールによるコミュニケーションだけではない，幅広い領域でのエチケットについて考える必要があります。しかし，ネットワークでつながったところに人間がいることを踏まえ，その人たちはどのように考えているのかということに思いを馳せて，配慮することが，ネチケットの基本的な考え方です。

例えば，スパムメールや，チェーンメールなども，そのようなメールを送ることで，相手のメールボックスを不要なメールで一杯にしたり，相手をウソで惑わせてしまったり，メールサーバに負荷をかけて他の利用者に迷惑をかけてしまうことが問題です。その意味で，ネットワークでつながっているさまざまな人に配慮する気持ちとしてのネチケットをもつことが，非常に大切になってきます。

このような問題は，このエピソードのように体験的に学習することができればよいですが，実際は相手あってのことになります。疑似体験（フレーミングを招いたり，不快に感じたりするようなメールを読む体験）をさせた上で話し合いを行ったり，ケーススタディとなるビデオ教材を視聴するなどが効果的です。ビデオ教材を視聴した上で，どのような配慮を行ったらよいのかを討論していくのが良いでしょう。ビデオ教材は，NHK 教育テレビで制作されたものや，携帯電話会社がCSR（社会貢献活動）の一環として制作したものなどが，子どもたちにとって理解しやすいものだと思われます。

その上で，遠隔地でなくとも，他の学校の生徒と交流学習を実践してみてもよいでしょう。もちろん，トラブルが起こることもあり得ますが，失敗は成功の元ですので，そうした経験をうまく教材にして子どもたちが考えられるようにするとよいでしょう。

◉生活との関連

情報化社会が進むにつれ，相手と直接顔を合わせずに共同作業をしたり，コミュニケーションをすることが増えてきています。特に学校を卒業して仕事をするようになると，メールだけでなく，スカイプ（Skype）のようなソフトを用いて遠隔会議を行うことも増えるでしょう。このとき気をつけるべきなのは，遠隔会議で顔が見えていたとしても，同じ場所にいないことで失われているコミュニケーションがあるということです。

遠くにいる人と簡単にコミュニケーションできる時代になりましたが，このような利便性が高まる一方で，特に人と人の温かいコミュニケーションが失われつつある都会では，お互いの意図や背景に配慮する気持ちをもつ重要性が増えているといえるでしょう。ネチケットはその一つといって良いでしょう。

◉ ICT との関連

小学生でも 2 割程度の子どもたちが携帯電話を所持しています。中学生になると，パソコンを利用したり，携帯電話を利用して，メールによるコミュニケーションを行うことが多くなります。特に「メール中毒」は，中学生くらいの子どもたちが初めてメールに触れるときに起こる問題として，よく知られています。これはメールというコミュニケーションツールの特性を知らないまま，電話でのコミュニケーションのようにすぐ返事を求めてしまうことが大きな原因です。

小学校高学年の段階で，文字ベースのコミュニケーションツールの特性を理解しておくと，中学校以降の実生活で必ず活きてくるでしょう。

2-9　放課後：宿泊学習のおやつを選ぶ《情報の吟味と意思決定》

【エピソード】

スーパー・マスダメのお菓子コーナーは宿泊学習のおやつを求める児童で溢れています。ヒロミもアツシとユカ，ハルナと連れだってやってきました。おやつ代の上限は300円。限られた資源で最大限の満足を得ようとみんな真剣です。さて，どうやって組み合わせようかな，と横をみるとアツシが，ワルレンジャーセットに釘付けになっています。「ねえ，それお菓子じゃないじゃん，おもちゃだよ」とつっこみを入れるヒロミに，アツシは「ここに小さなラムネが一つ入ってるから，お菓子だよ」と涼しい顔をしています。ワルレンジャーセット299円。どうやらこれ一つで決まりのようです。あきれた女の子たちは「お腹すいたって泣いても絶対に分けてあげないからね」と言い残して，棚を見て回ります。

ハルナがスナック菓子の前で立ち止まりました。「ねえ，これ，どっちがいいと思う？」指さす先にはラーメンスナックがあります。一つは大池屋で，もう一つは，よく知らないけど赤塚製菓と書いてあります。「やっぱ大池屋のがおいしいんじゃないの。有名だし」。ヒロミはそう答えましたが，ユカは値段にこだわります。「大池屋は100円だけど，こっちは90円だよ，安い方がお得だよ。味なんか変わらないよ」。うーん，確かに10円は大きい差です。差額でサイダー飴が一つ買えます。味が一緒なら90円の袋がお得だよなあ，とヒロミも納得しかけました。が，あぶない，あぶない。大事なことを忘れていました。ヒロミは，ハルナに頼んで袋に書いてある内容量（重さ）を読んでもらいました。大池屋のが80グラム，もう一つは60グラムでした。ということは？　ヒロミは暗算が苦手です。うーんとうなっていると，「大池屋がグラムあたり1.25円，赤塚製菓が1.5円」とユカが答えます。さすが，無駄にソロバン塾に通ってません。「そうか，じゃあ，本当に安いのは大池屋だね」。そう言ってハルナは大池屋のスナックをカゴに入れました。

そこへ。「ねえ，何してるの？」しっかり者のシホが手にスーパーのチラシを何枚も持って現れました。ハルナからこれまでの話を聞いたシホは，皆の前でチラシを広げました。「大池屋のラーメンスナックなら，カスガ・スーパーでもスーパー吉田でも目玉商品になっている

よ」。そう言いながら，シホは赤鉛筆でチラシに丸をつけました。カスガ・スーパーでは 90 円，スーパー吉田ではなんと 50 円の大安売りです。ハルナは，ラーメンスナックを棚に戻してすぐにでもスーパー吉田に駆けつける勢いですが，シホはそれを制止します。「ハルナ待って。スーパー吉田は遠いからバス代も計算にいれないとダメだよ。往復 120 円かかるから他のものも買わないと損しちゃう。行くならカスガの方だよ。私も VB ラムネ買いにカスガに行くから一緒に行こうよ」。これを聞いたハルナは急におとなしくなりました。「私，マスダメでいいや。10 円のために片道 20 分歩くなんてできない」。シホは不満そうにしていますが，ヒロミにはハルナの判断が正しいように思えます。ヒロミは，大池屋のラーメンスナックをハルナのカゴに戻してあげました。

しかし，まだハルナはうかない顔をしています。スーパー吉田に未練があるのでしょうか。「どうしたの」と心配するヒロミに，ハルナは，「えーとね。実は…，私ねえ，カロリーも気になるんだ」とちょっと顔を赤らめながら言います。「見てよ，大池屋は 320kcal って書いてあるけど，赤塚製菓は 300Kcal だよ。少ない方が太らないよね」。それを横で聞いていたユカが得意の暗算をします。「でも，グラムあたりのカロリーにすると，大池屋の方がカロリーは低いよ」。あら，そうなのかと安心するハルナに，シホが横やりをいれます。「でもハルナ，結局一袋食べちゃうんでしょ，だったら赤塚製菓の方がいいんじゃない？」ハルナはもうわけがわからないという顔をしています。ヒロミも頭がくらくらしてきたので，その場から離れて自分の買い物に専念することにしました。

買い物というのはもっと単純なものであるはずです。まず，一番好きなレモン・グミ 88 円をカゴに入れる。そうすると残り…うーん，88 円では計算が難しいので仮に 90 円と考えて残り 210 円。次に，みんなで食べたい大池屋の魚スナック 100 円をカゴに入れる。残り 110 円。暑くても溶けないプチプチ占いチョコをカゴに入れて残り 80 円。あとは小さな駄菓子たちを組み合わせて残り 0 円。レモン・グミに 2 円足しているので本当は余り 2 円。10 円のコーラ飴を 12 円の梅飴に取り替えて 300 円ぴったり。気持ちいい！明日晴れるといいですね。

このエピソードから学ぶ情報活用能力

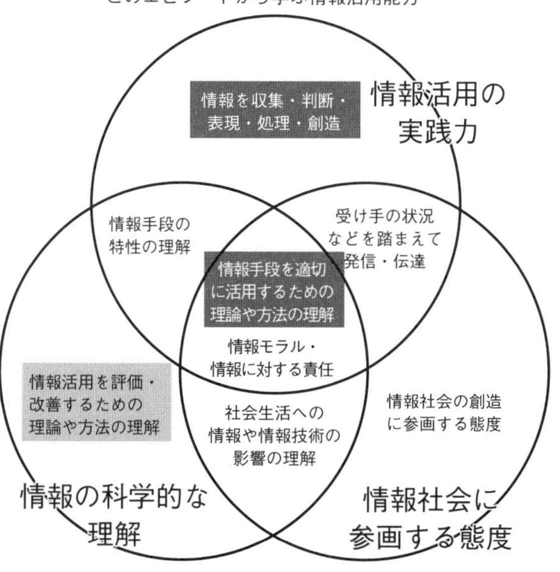

◉情報活用能力の三本柱との関連

ここでヒロミたちは意思決定を行っているといえます。意思決定には，「情報の収集・判断・処理」などが関わっています。シホは，お菓子を買うために近所のスーパーのチラシを集めました。これは情報の収集にあたります。お菓子の袋からメーカや栄養価を読み取ることも情報の収集です。収集した情報を判断に活かすには，なんらかの処理が必要になります。情報はただ集めるだけでは利用できないのです。たとえば，ヒロミたちは，お得な方のスナックを決定するのに 1 グラムあたりの値段に換算しています。これは二つの情報を比較するための処理だといえます。

ところで，シホは，お菓子の価格と，それを買うためにかかるコストを組み合わせて判断をしています。また，「太りたくない」という目的に照らした場合には，1グラムあたりのカロリーではなく1袋分のカロリーを比べた方が実情に合っていることを指摘しています。適切な判断のためには，情報の処理の仕方や組み合わせ方をよく考えなくてはなりません。これは，「情報手段を適切に活用するための理論や方法の理解」につながるものだといえます。

また，このような情報活用は1回きりで終わるものではありません。同じような活動が日常の生活の中で繰り返されます。過去の成功や失敗を振り返りながら，より良い情報活用ができるように改善することは，「自らの情報活用を評価・改善するための基礎的な理論や方法の理解」につながります。

◉どのように育成すべきか

意思決定のための情報活用能力を育成するには，まず，自分たちの意思決定の具体的事例について皆で振り返ってみるといいでしょう。その際，「自分だったらこうする」「もっといい方法があるか」という視点から考えることが重要です。また，ヒロミたちにとっての「お菓子を買うという活動」に準じるような真正性の高い状況を設定し，解決策を議論させるのも効果的です。

◉生活との関連

ヒロミたちの例は多少の誇張があるものの，私たちがあまり意識せずに行っていることです。意思決定のための情報の利用は，買い物から仕事まで，私たちの生活のあらゆる局面で行われます。

◉ ICT との関連

この例にはICTは登場しませんが，情報の収集にはインターネットが利用されることもあります。インターネットを使うと非常に多くの情報を入手できますから，それらの取捨選択や効率的な処理がより重要となります。複雑な意思決定においては，表計算ソフト等を用いてメリットやコストの比較を行うこともあります。ICTをうまく利用することで意思決定の速度や質が向上します。

2-10 寝る前：テレビを見ながら《メディアリテラシーについての初歩的理解》

【エピソード】

ヒロミはふて腐れています。お小遣いを増やしてほしいとあんなに頼んだのに聞いてもらえないのです。「5年生にそんなお金いらないでしょ。いったい何を買うの！？」ってあんな剣幕で問い詰められたら誰だって言葉につまります。なのに，お母さんたら鬼の首を取ったみたいに，「ほら，きちんと言えないでしょ」って。小学生にだって必要経費というものがあるのです。頼みのお父さんは，「本ならいくらでも買ってやるからな。安心しろ」とピントが外れたことを言っていて役に立ちません。

泣きたい気持ちでテレビをぼんやり見ていると，画面の中で子どもがインタビューされています。「えっ？　ちょっとお母さん！」ヒロミは声をあげました。「テレビで小学生のお小遣い事情っていうのやってるよ」。竹下通りで女の子がレポーターに一ヶ月のお小遣い額を聞かれています。「見て見て。月1万円って言ってるよ。6年生だってさ。あ，次の男の子は5年生なのに5万円ももらってるよ！」ヒロミはがぜん元気になってきました。「ほら，ほら，みんなこんなにもらってるんだよ」。そういって顔をのぞき込むと，お母さんは，「何言ってんの。よその家のことは関係ないのよ！」と反撃してきました。いつもこれなんだから，大人はずるい。ヒロミは頬を膨らませます。子どものお小遣いにだって世間の相場ってものがあるでしょうよ。

その時，お父さんがボソッと「そういう問題じゃないんだよ」と言いました。あれ？私に味方してくれてるのかな？ヒロミは期待してそっちを見ます。「こういうインタビューには注意が必要なんだ」。あれれ，なんか流れが変だぞ？「まず一つは，サンプリングの問題。といっても子どもには難しいかな。例えばだなぁ，そうだ。ヒロミ，もし，ヒロミがテレビレポーターから急に呼び止められてお小遣いの額を聞かれたら，答えるかい？」急な問いかけにびっくりしながら，でもヒロミはきっぱりと答えます。「恥ずかしいから絶対にいや！」全国民に対して自分のお小遣いの額を公表するなんて恥ずかしくてできるわけがありません。「そうだよね」。お父さんはすまし顔で話を続けます。「だとしたら，この二人の他にインタビューを断

った人が何人もいたのかもよ」。うーん，そうかもね。あまり少ないと恥ずかしいもんね。「あ，じゃあ，ここで答えた人はお小遣いの額を言っても恥ずかしくない人だけってことなの？」ヒロミの答えにお父さんは満足そうです。「その可能性は高いね。もっと言うと，竹下通りに来ているのはたくさんお小遣いをもらっている子だけなのかもしれないね」。ヒロミは，お小遣い値上げが遠のいていくのを感じながら，でも，この話はちょっとおもしろいと思いました。今まで，こんな風にテレビのインタビューを見たことはありませんでした。ヒロミの頭にはさらに疑問が生まれました。「ねえ，お父さん。じゃあ，テレビの人はお小遣いをたくさんもらっている子を撮りたくて原宿に行ったってことなのかなあ？　戸越公園商店街じゃなくて……」。ヒロミの問いかけにお父さんは，「断言はできないけどね」と言いながら画面を指さしました。

画面の中では，人気の貧乏キャラ芸人が「うわー，最近の子は金持ってんなあ。俺の年収と同額っすよ」と騒ぎ，みんな楽しそうに笑っています。「ヒロミがこの番組を作る人だったら，どういう子どもにインタビューすると思う？」……うーん，そりゃあ，番組的には超セレブな子どもが出てくれば盛り上がるよね。私，面倒くさがりだから高い金額を言ってくれるように子どもにたの頼んじゃうかもなあ。そんなズルをしないにしても，高い金額を言った子どもだけを選んで流すくらいのことはするかもな……こう考えながらヒロミは，インタビューの後ろに隠れている「番組を作る人」の顔が見えたような気がしました。

◉情報活用能力の三本柱との関連

ヒロミが行ったのは，情報の批判的な読み解きといわれるものです。この図では，「情報の判断」に当たります。ここでは番組内のインタビューを例に挙げましたが，テレビや新聞で紹介される統計データ（グラフや表の形で示されることも多いですね）も批判的な読み解きを要するものです。いわゆる数字のマジックやサンプリングのマジックに翻弄されない慎重な姿勢と批判精神が求められます。近年，テレビや新聞等のマスメディアから発信される情報を，「事実そのもの」として受け入れるのではなく，ある特定の意図にしたがって編集されたものとして批判的に捉えることの重要性が指摘されています。このような力を「メディアリテラシー」と呼びます。メディアリテラシーの観点から情報を捉えることは，自分が他人に伝える情報には自分の意図による編集が必然的に入り込んでいるということに自覚的になることにつながります。この意味で，この問題は，「情報に対する責任」，「受け手の状況などを踏まえて発信・伝達」という部分にも関連しています。

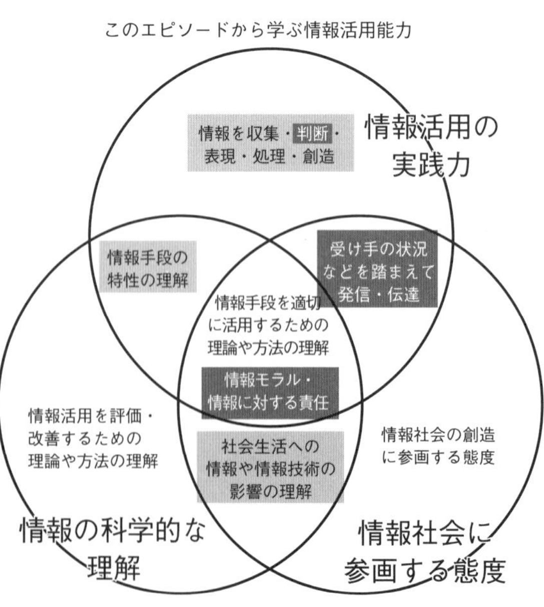

テレビや新聞等のマスメディアから発信される情報に関してそれが，そのように編集されていることについての理解は，「情報手段の特性の理解」に当たります。また，それら

のマスメディアは，注意深く考えれば，生活の隅々に影響を及ぼしていることがわかります。このことは，「社会生活の中で情報や情報技術が果たしている役割や及ぼしている影響の理解」につながるでしょう。

◉どのように育成すべきか

メディアリテラシー的な考え方を子どもに理解してもらうのはなかなか難しいです。当たり前に信じてきたことを別の視点から見ることは大人でも困難です。一つの方法として，子どもを作る側の立場に立たせてみるということが考えられます。テレビ制作者の視点からインタビューを考えることでヒロミの理解も進んでいます。友達と一緒に考えるという活動も効果があります。

メディアリテラシーを取り扱う上で注意しなくてはならないのは，「すべての情報が嘘だ」といっているわけではないということです。情報は伝える人の想いによって編集されている，つまり視点付きの情報になっていることを認めた上で，情報の背後にいる人々のことを考えながら，その人たちと話すように情報を読み解いていく。このような態度とスキルを身につけられるように配慮すべきです。

◉生活との関連

マスメディアが送ってくる情報のみならず，交通標識，スーパーのチラシ，書店の本棚，雑誌のつり広告……そして実は授業まで，日常生活の中で私たちが手にする情報にはすべて，他者の意図が入り込んでいます。いやでも逃れることはできません。私たちができることは，そのことを自覚した上で，情報を自分のために利用していくことなのです。

◉ ICT との関連

情報の批判的な読み解きは，インターネット上の情報にも当然関係します。ブログがマスメディア機能を代替した事例等が報道されているように，インターネットを新しいマスメディアとして位置づける人もいます。匿名の個人が気楽に情報を発信できるインターネットでは，そこに流通する情報についてより慎重で批判的な読み解きが要請されるのはいうまでもありません。また，自分が簡単に発信者になれるというのもインターネットの特徴であり，発信者としてのメディアリテラシーを身につけておくことも大切です。

演習問題

1. 自身の生活を振り返って，どの場面でどのように情報活用しているのか，いくつかの場面を選び，各場面についてできるだけ詳しく説明せよ。

2. この章で紹介されたエピソードとは別に，小・中学生が学校外の生活の中で実際に経験しそうなエピソードを考え，自分がその親であると想定し，親の立場でどのような教育ができるのかを考えよ。そして，できるだけ詳しく説明せよ。ただし，情報活用能力の８要素（1-3 節の図中の８要素）のうち，少なくとも必ず２つを教育すべき事柄として含むこと。

3. 2. と同様に，小・中学生が学校内の生活の中で実際に経験しそうなエピソードを考え，自分がその担任であると想定し，教師の立場でどのような指導・援助ができるのかを考えよ。そして，できるだけ詳しく説明せよ。ただし，情報活用能力の８要素（1-3節の図中の８要素）のうち，少なくとも必ず２つを教育すべき事柄として含むこと。

第3章　ICTを用いた授業実践例

3-1　この章の目的

◉はじめに

第2章では，ある小学生の1日の生活を追いながら，ICTの活用を必ずしも伴わない広義の情報活用能力を中心に考えました。この章では，小中学校においてICTを活用した授業を紹介し，子どもたちの情報活用能力をどのように育成するのかについて，具体的に示していきます。すべての授業でICTを活用していますが，その目的は「ICTを活用することそのもの」ではありません。広義の情報活用能力を含めた授業のねらいを達成するために，ICT機器を活用しているのです。そのため，以下に示すICT活用のポイントでは，狭義の情報活用能力と広義の情報活用能力が混在していますが，あくまでも広義の情報活用能力を主眼としていることに留意してください。

各節の基本的な構成は，次の通りです。

●この単元の概要／●単元の目標／● ICT活用のポイント　☞ この授業を通して，生徒のどんな情報活用能力が伸びるのか　☞ より良く育成するために，教師にどんな支援・活動が求められるのか　☞ 使用するICT ／●単元や授業の様子／●本時の展開

それぞれの授業実践で，何を目指し，具体的にどのように展開しているのか，各要素を関連づけて見比べながら，読み取ってください。

◉実践事例を読解するポイント

上記の構成のうち，単元の目標とICT活用のポイントでは，それぞれの項目が情報活用能力の三本柱「情報活用の実践力＝実」「情報の科学的な理解＝科」「情報社会に参画する態度＝参」のうちのどの柱に当てはまるのかについて，著者の視点から次の記号で示しています。

- ［実］　［科］　［参］ ➡ 情報活用能力に，密接に，関連することを示す
- （実）　（科）　（参） ➡ 広い意味で，情報活用能力に関連することを示す

情報活用能力の三本柱は，第2章で眺めたように，それぞれ独立したものではなく，相互に関わっています。そのため，一つの項目に複数の記号が付されていることもあります。また，それらは唯一の正解であるというわけではありません。それぞれの項目を，どのように捉え，位置付けるのかによって，それぞれの記号が当てはまるかどうかが，変わってくることがあります。たとえば，広く捉えようとすれば，すべての記号を付すことになってしまう場合もあるし，少なくとも，この記号はまず間違いなく当てはまるという場合もあるでしょう。このように，情報活用能力の三本柱を，さしあたり表面的に理解することができたとしても，深く理解するのは難しい課題であるといえます。上記の記号をヒントに，なぜ，それぞれの目標や活動，支援が三本柱に関連するのか，考えてください。

●中学校2年　国語科「表現の幅を広げよう」2時間

3-2 共有化した文章構成や表現方法を活用して表現する

授業実践者：綿引良文（つくば市立手代木中学校）

◉この単元の概要

ポスターを見て抱いた印象をより効果的に伝えるための表現方法について，話合いを通してクラス全体で共有します。共有した事柄を生かして再度表現し，完成した作品と初発の作品とを比較することで，共有した文章構成や表現方法の効果を確かめます。この活動を通して生徒一人ひとりの表現しようとする意欲と表現する力を向上させていきます。

◉単元の目標

❶自分の抱いた印象について根拠を示す活動を通して，自分の考えを効果的に伝える文章構成と表現方法について理解することができる。[実][科]

❷より伝えたい部分から書くという文章構成について理解し，自分の作品に生かすことができる。[実]

◉ ICT活用のポイント

《この授業を通して，生徒のどんな情報活用能力が伸びるのか》

- 書くべき事柄の順序について自分たちが気づいたことをKneading Board（略称：KB）の画面上で共有することにより，表現の幅を広げようとする力。[実]
- 視覚を通して自分の考えをわかりやすく伝えようとする力。[実][科]
- 各自の作品の変化を見比べながら，学び合う力。[科]（参）

《より良く育成するために，教師にどんな支援・活動が求められるのか》

- 生徒が書いてみようという興味・関心をもてるようなポスターを数枚用意し，書くことへの抵抗感を低くする。（参）
- 初発の作品に見られる書くべき事柄の順序性を話合いから気づかせ，今までとは違ったよりインパクトの強い作品にするための順序性を実感させる。[実]
- 視覚を通して理解が深まるように機器の設置を工夫する。[実][科]

《使用するICT》

- Kneading Board（略称：KB）（☞94ページ参照）
- 児童用PC（各班に1台）
- 教師用PCとプロジェクタ
- 実物投影機（書画カメラ）
- 電子情報ボード（電子黒板）

◉単元や授業の様子

（1）第１時

生徒に，10 枚程度のポスターを提示する。ポスターを１枚ずつ見せながら教室内に掲示していく。書くことの授業だと宣言すると，通常は，抵抗を示したり，意欲をなくす表情を見せたりすることが多いが，今回はポスターを掲げるたびに身を乗り出し，関心が高いことが見て取れた。12 分という制限を設け，ポスターの印象を書くことに取り組ませるが，苦手な生徒に対しては 120 字程度書ければよいこととし，個別に対応した。

（2）本時（第２時）

初めに第１時で書いた初発の作品をグループごとに読み，どのポスターについて書かれたものであるのかをグループで話し合う。「何が」「どの順序で」書かれているかをグループごとに分析する。分析の結果を KB（図 3-1）に書き込み，学級全体で確認していく（図 3-2）。

生徒は，「想像したこと」，「色」，「背景」，「表情」などが書かれていること，書き始めが何かによってポスターの特定が難しくなることに気づいていく。

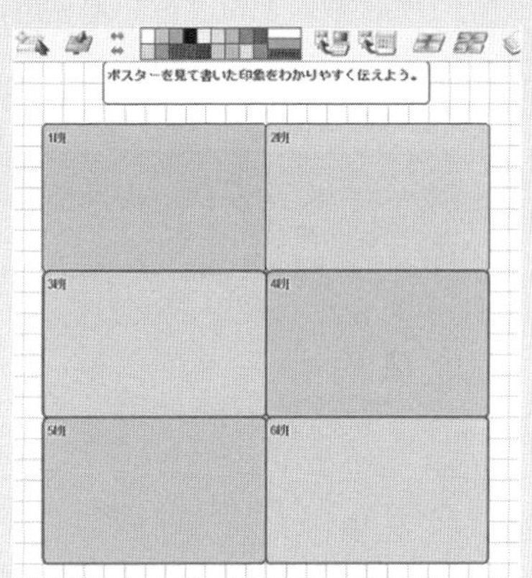

図3-1　班ごとに，伝える内容をKBに入力していく。

図3-2　事前の活動で書き上げたそれぞれの作品を読み合う。どのポスターについて書いたのかは伏せてあるので，誰がどのポスターについて書いたのか，根拠と共にグループ内で意見を出し合う。ここまでで生徒は，書く事柄の順序性の重要さに気づいていく。

そこで本時では「印象的な部分から書く」という文章構成で再度書くことを伝え，新たな文章構成を取り入れ，再度作品を書く。

最後に，完成した作品を比較することで，改善した作品の表現の効果を確認し合う。比較する場面で電子情報ボードのペン機能やマーカー機能を活用し，視覚情報も提示しながら発表した。本時以前に理解していた文章構成とその新たな文章構成の効果の違いを比較し，生徒一人ひとりの表現の幅を広げられるように支援した。

◉本時の展開

《事前の活動》

●自分の気に入ったポスターから抱いた印象や想像をふくらませたことを作品にする。

●書くときに次の約束を守る。

☞ ポスター内の文字情報は取り上げないこと。

☞ 箇条書きにはしないこと。

☞ 商品については触れないこと。

☞ 12 分で書き上げること。

☞ 字数は 150 字～ 200 字で書くこと。

《本時の活動》

学習活動	指導上の留意点
1. 学習課題をつかむ。 (1) 学習課題を確認する。抱いた印象をよりわかりやすく書くための文章構成について考えよう。	前時に書いた初発の作品とポスターとを突き合わせられるよう，すべてのポスターを室内に掲示しておく。
2. 友達の作品を分析し，わかりやすく書くための文章構成について考える。 (1) 書かれている内容の順序とその根拠について話し合う。 (2) 話し合ったことをまとめる。 ・「想像したこと」「背景」「色」が書かれている。 ・想像したことから書くと，どのポスターについて書いたのかわかりにくい。 (3) 表情や指の様子から書き始めるとわかりやすい。	作品を提示できるよう実物投影機を用意しておく（事前に作品をスキャンして，データとして保存しておくと時間が短縮できる）。 話し合いの場面で，互いの気づきを共有し比較しあうために KB を活用し，思考力を高める手立てとする。 どの表現からそう考えたのかを話すよう指示する。 電子黒板のマーカー機能も利用できるよう教室内に機器を設置しておく。 本時の学習を通して得た新たな視点から作品を書いているか確認する。
3. 話し合いで導かれた「印象的な部分から書く」の手法を参考に，作品を書き直す。	
4. 作品を比べて文章構成の効果について考える。	電子情報ボードのペン機能やマーカー機能を活用するよう指示する。

《事後の活動》

●絵画の鑑賞文を書く活動へとつなげることを検討したい。

●小学校５年　社会科「雪国のくらし」７時間

3-3 同期型遠隔学習でお互いを深く知る

授業実践者：　平澤　林太郎（小千谷市立小千谷小学校）

◉この単元の概要

日本海側の学校と太平洋側の学校で冬のくらしについて交流することを通し，お互いの気候や生活の違いに気づき，自分たちの地域の生活様式の工夫についてより深く知ることができます。

◉単元の目標

❶日本海側と太平洋側の気候や生活の違いに気づくことができる。（参）
❷自分がこれまで調べてきたことと，交流した人から学んだことを結びつけて考えることができる。[実]［参]
❸自分たちの地域の生活様式の工夫についてより深く知ることができる。（実）

◉ ICT 活用のポイント

《この授業を通して，児童のどんな情報活用能力が伸びるのか》

- 遠隔地と気候や生活の仕方について，Kneading Board（略称：KB）の画面上で表現・共有することにより，思考を広げながら，新たな学びに気づくことができる力。その上で，質問をしたり質問に答えたりしながら気づきや学びを整理できる力。[実］[参]
- 自分の考えを友達の考えと関連させて整理する力。[参]
- 質疑応答し，コミュニケーションしながら学びあう力。[科]　（参）

《より良く育成するために，教師にどんな支援・活動が求められるのか》

- 理解しにくい遠方の地域の気候や生活について，遠隔地との交流で気づかせるとともに，交流することのよさを実感させる。（参）
- 自分たちの考えと遠隔地の仲間の考えと関連づけることで，今までとは違った視点で整理できるように支援する。[実]
- 遠隔学習での質疑応答がうまくいくように，事前に教師同士が打合せをする。
- 対面の活動でないことをふまえ，わからないことが少しでもある場合には，わかるまで質問をするなど，交流を密にするようにアドバイスする。（科）（参）

《使用する ICT》

- Kneading Board（略称：KB）（☞ 94 ページ参照）
- 児童用 PC（各班に１台）
- 教師用 PC とプロジェクタ

◉単元や授業の様子

(1) 0 次 「自己紹介」をしよう（図 3-3）。

学習班ごとに KB で自己紹介した。自分たちの学習班全員の写真の周りにラベルを作り，そこに名前と特技・趣味など書き込んだ。ここでは，それぞれの学習者が自己紹介をするだけにとどめた。

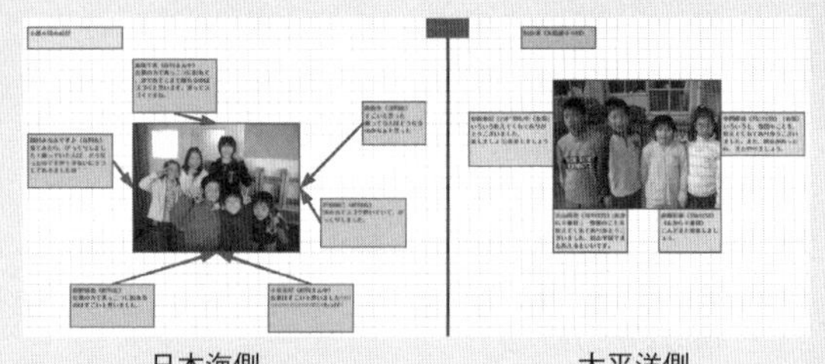

日本海側　　　　　　　太平洋側

図3-3　KB上での自己紹介

対面したことのない友達ではあるが，この活動で打ち解け合うことができた。

(2) 1 次 「雪国のくらし」のクイズを考えよう。

学習班ごとで実際に地域へ出て調べ雪国ならではの「生活の知恵」や「施設の工夫」をまとめた。学習班ごとにデジタルカメラの映像やキーワードを使って，KB 上に「雪国のくらし」のクイズを作成した。

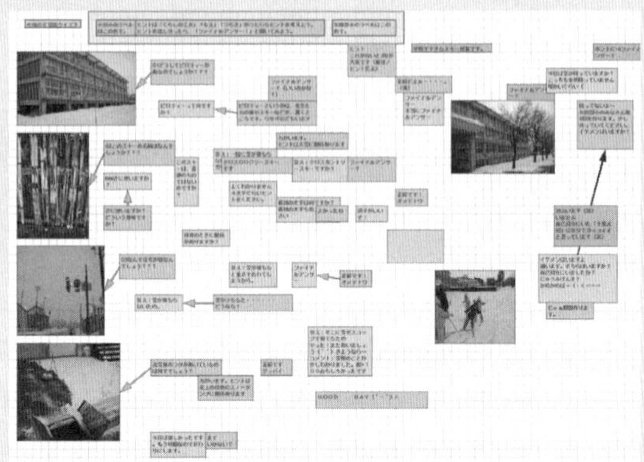

図 3-4　クイズに対するやりとりの様子

学校の周りに雪がある，校内にスキーがあるなどの写真に対する質問や，それへの答えが書き出されている。

(3) 2 次　クイズ「雪国のくらし」で交流しよう（図 3-4）。

KB を使って，学習班ごとに「雪国のくらし」のクイズで交流した。コンピュータは各校の学習班で 1 台ずつ使用し，同じ学習班どうしがシートを共有して交流するようにした。クイズに，太平洋側の学校が書き込んで答えた。クイズの答えがわからない時には日本海側の学校がヒントとなるコメントや写真を書き込んだ。

(4) 3 次 「生活や遊び」で交流しよう（図 3-5）。

太平洋側の学習者が感じた「雪国のくらし」の疑問や遊びについての疑問を KB 上に学習班ごとに書き，それをもとに自由交流した。太平洋側の学校の雪国に対する質問に対して日本海側の学校が答えた。

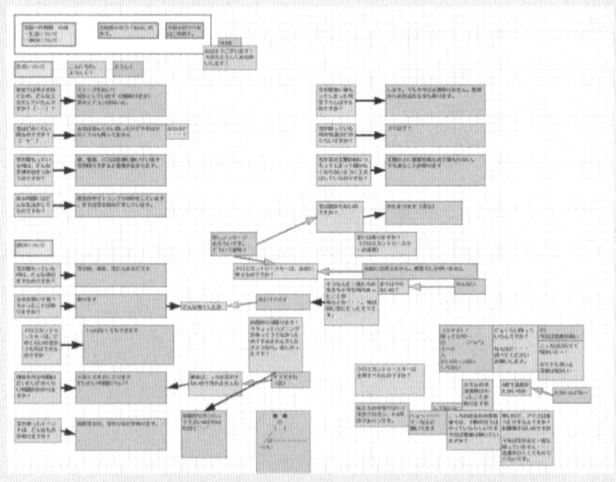

図 3-5　掲示板のような質問と回答のやりとり

チャットのようにコメントが貼りつく。いろいろな方向に広がるが，2 次元で配置されているため，会話全体の流れがわかりやすい。

(5) 4 次　まとめをしよう。

太平洋側の小学生が交流を通してまとめた「雪国新聞」と「太平洋側ニュース」を読んで感想を学習班ごとに書き，自分たちの学習を振り返った。

◉本時の展開

《事前指導（1 次，2 時間，「雪国のくらし」のクイズを考えよう。）》

- （日本海側の学校）学習班ごとで実際に地域へ出て調べ，雪国ならではの「生活の知恵」や「施設の工夫」をまとめる．学習班ごとにデジタルカメラの映像や，キーワードを使いながら KB 上に「雪国のくらし」のクイズを作成する。
- （太平洋側の学校）作成されたクイズを閲覧し，答えを考えておく。

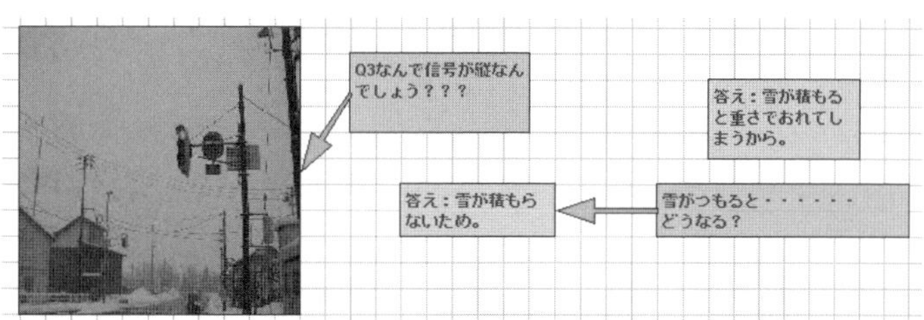

図 3-6　雪国クイズの例

《本時（2 次，2 時間）の流れ》

学習活動	指導上の留意点
1. 日本海側の学校が考えた「雪国クイズ」に太平洋側の学校が答える。わからない場合は「ヒントをください」などのコメントを返す。(図4)	日本海側の学校のコメントは水色，太平洋側の学校のコメントはピンクを使ってどちらのコメントかが一目でわかるようにさせる。
2. 太平洋側の学校のコメントを見ながら答える。	
3. チャットのようにお互いがそれぞれのコメントに自由にリンクを張りながら答える。	コメントが停滞した場合には，相手のコメントの根拠について質問させたり，新たな写真を貼り付け（提示）させたりする。
4. KBを通して共有した学びについて，教師が整理する。	
それぞれのグループのページを比べて，雪国のくらしの特徴は何かを考えよう。	
5. それぞれのグループのページを比較し，感じたことをワークシートに記入する。	この学習を通して，雪国のくらしや太平洋側のくらしについて新たな視点を得たり，考えが深まったりしたという記述が，ワークシート上に見られたかを評価する。

●小学校3年　算数「あまりのあるわり算」7時間

3-4 視覚的に操作して割り算をする

授業実践者：　磯野　正人（上越教育大学附属小学校）

◉この単元の概要

あまりのあるわり算の学習において，算数的な活動を基に，あまりのある場合でも除法ができることと，あまりの意味について理解します。理解を助けるために，デジタル教科書（学校図書）を使い，視覚的にわかりやすい活動，操作を伴った活動を行います。

◉単元の目標

❶あまりのある場合でも除法ができることに気づき，わり算を進んで用いようとする。(実)(科)

❷あまりの意味について理解し，除法とあまりの大きさについて考えることができる。(実)(科)

❸あまりの意味や処理の仕方がわかる。(科)

◉ ICT活用のポイント

《この授業を通して，児童のどんな情報活用能力が伸びるのか》

- 具体物を使って自分の考えを整理し，深めていく力。(実)
- 自分の考えを，モニタ上の道具を用いて仲間に効果的に伝える力。[実]（参）
- 仲間の考えと，自分の考えの相違から新たな意味をつくる力。(実)（参）

《より良く育成するために，教師にどんな支援・活動が求められるのか》

- ICTを利用することで，あまりのあるわり算の場面を数多く提供する。また，子どもの操作活動から，あまりのあるわり算の仕組みやあまりの意味をつくる。(実)
- 2年生のデジタル教科書を利用し，既習事項についてわかりやすく復習できるよう準備する。(実)
- 本時につながる算数のアイディアは，学習の履歴として取り上げ，本時の子どもの考えとつなげる。[実]

《使用するICT》

- デジタル教科書『みんなと学ぶ　小学校算数3年上』学校図書
- 教師用PC，プロジェクタ
- 電子情報ボード（電子黒板）
- 書画カメラ（実物投影機）

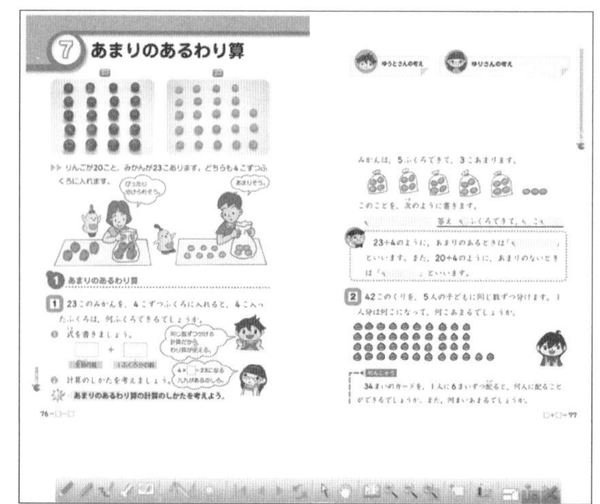

図3-7　デジタル教科書『みんなと学ぶ　小学校算数3年上』

◉単元や授業の様子

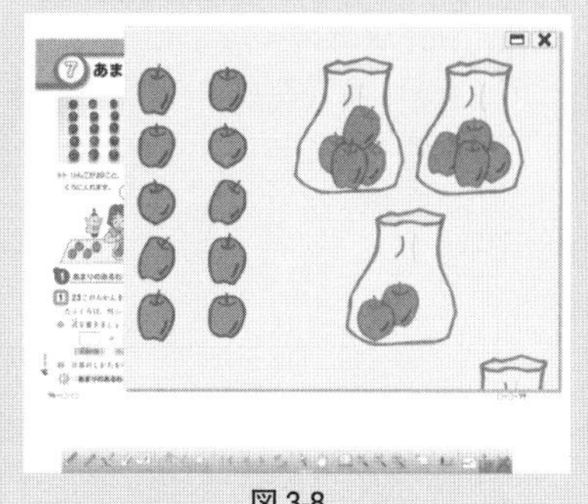
図 3-8

デジタル教科書・電子情報ボードを使う最大のメリットは，子どもたちの視線を一点に集められることである。教師は一人ひとりの子どもの顔を見ながら活動を展開することができた。子どもが学級全体に説明する際も同様に視線を合わせながら考えを伝えることができた。また，特別な支援を必要とする児童にとって，机上にあるものがノートと筆記用具だけとなり，集中力が持続した。理解の早い子どもにとっても，電子情報ボードに集中していることから，よく考えて発言するようになり，発言回数が増えた。

本時では，デジタル教科書の機能の１つである，「操作できる問題」を用いて導入を行った（図 3-7）。教科書のリンゴの写真にふれると，図 3-8 のような画面が表れる。子どもは，右下にある袋を上に引き出し，りんごを袋に入れることができる。

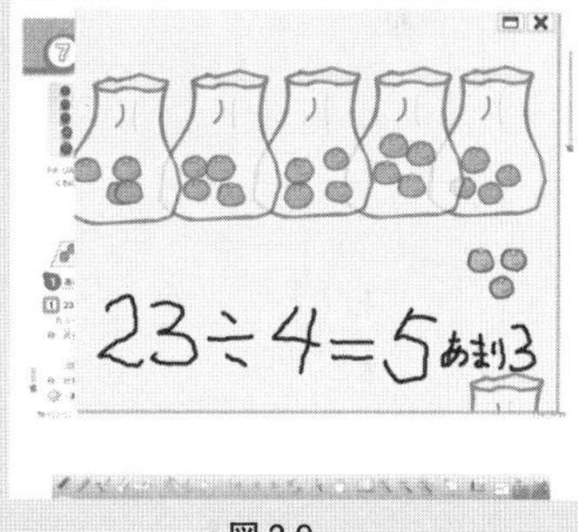

図 3-9

何度か操作を繰り返したり，他の場面（図 3-9）で考えたりすることで，「先生，もう分けなくても答えがわかるよ」といった発言につながっていった。

このような導入から，教科書を使った展開でも，子どもが「やってみたい」「わかった」という気持ちをもった活動が可能になった。

デジタル教科書は，場面や操作の内容を視覚的に訴えることができる。子どもは，操作をしたり，見たりすることで納得しているように見える。しかしデジタル教科書は，場面や操作がわかりやすいからといって，それだけで内容の理解が達せられるわけではない。算数科で大切にしたいのは，場面や操作と式とをつなぐことである。図 3-9 のように式を書かせ，場面や操作と式をつなぐことが内容の確かな理解を導く。

デジタル教科書には，ペン機能があるので，子どもはペンを取って図に書き込むことができる。また，書いたものを画像として保存する機能もある。本時では，４つずつだけなく，５つずつ，６つずつ，７つずつと分ける場面を式で表し，保存しながら行った。

デジタル教科書にある教科書の問題ばかりでなく，子どもが実際に切ったり，貼ったりしながら試行錯誤する場面も大切にしたい。本時の後半では，リンゴやミカンをブロックの図に置きかえた。置きかえることで，割り切れるときはブロックを並べると長方形になること，割り切れないときは，長方形にならないことに気づき，わり算とあまりのあるわり算の意味を，子どもたち自らがつくることができた。

図 3-10

◉本時の展開

《事前の活動》

- デジタル教科書を休み時間にも自由に使えるようにすることで，操作に慣れさせる。
- 電子情報ボードや書画カメラを使って説明させることで，自分の考えを視覚的に伝えることができる利点を実感させておく。

《本時の活動》

学習活動	指導上の留意点
1. デジタル教科書を見て，本時の課題を把握する。20 ÷ 4，23 ÷ 4 を実際に分ける。	問題は，23個のミカンを4個ずつ袋に入れます。4個ずつ入った袋はいくつできるでしょう。 デジタル教科書の部分拡大を使い，あまりのあるわり算の単元であることをわからないように提示する。
2. デジタル教科書のツール（図3-8）を使って，23個のミカンを5個ずつ袋に入れる問題，同じ場面で 23 ÷ 6，23 ÷ 7 の結果について考える。	このとき，電子情報ボード，おはじき，数ブロック，ブロックの図を準備して，考えやすいものを選んで，取り組めるようにしておく。
全部を分けきることのできない場面の結果について考えよう。	
3. 2で考えた場面や操作を式化する中で，あまりのあるわり算について計算の仕方や表記の仕方を知る。	子どもが，場面や操作を表した式を基に，下のような言葉の式をつくっていく。 ・1袋分の数×袋の数＋あまったミカンの数＝全部の数 ・全部の数÷1袋分の数＝袋の数， あまり＝あまったミカンの数
4. 全部分けきることのできない場面について考えたことを発表する。	発表は，電子情報ボードや書画カメラを使う。子どもが発表した画像や画面のメモはその都度保存をしておき，本時以降の活動で既習事項として活用できるようにしておく。
5. 練習問題に取り組む。	教科書の文章題と計算問題を行う。あまりのあるわり算の意味について理解が深まらない子どもには，ブロックを並べさせて分ける操作と式化を繰り返し行う。

●小学校５年　理科「電磁石のはたらき」13 時間

3-5 たくさんの実験データから考える

授業実践者：久保田善彦（元・つくば市立並木小学校）

◉この単元の概要

まずはじめに電磁石を作成し，そのつくりを知ります。また，自由に電磁石で遊ぶことで，課題をつくります。次に，電磁石の強さの条件を調べるため，コイルの巻き数や電池の数と磁力の関係を検討します。なお，各実験は，条件の制御を意識して実験を計画し，検証します。

◉単元の目標

❶電磁石の導線に電流を流し，電磁石の強さの変化を興味をもって調べることができる。(実)
❷コイルにした導線に電流を流すと，その中に入れた鉄心が磁化するという見方ができる。(科)
❸電磁石の強さは，電流の強さや導線の巻き数などによって変化することを理解できる。(科)
❹条件を制御する意味を理解し，制御した実験計画を作成することができる。(実)(科)

◉ ICT 活用のポイント

《この授業を通して，児童のどんな情報活用能力が伸びるのか》

- 利用したシステム（Kneading Board，略称：KB）では，前時の実験結果が保存されるため，前時と本時の関連を考えながら実験計画を立てることができる。そのため，過去の情報から新しい活動を創る力，現在の活動と過去の活動を比較する力が伸びる。[実] [科]
- KB 上で複数のデータを共有することができるため，他班の実験結果から，自らの実験の方法やデータを再考し，活動を改善する力が育つ。[実]（参）

《より良く育成するために，教師にどんな支援・活動が求められるのか》

- 実験の考察は，自班のデータのみから判断するのではなく，多くのデータから帰納的に判断することの大切さを児童に伝える。[実]（科）
- KB 上にリアルタイムに実験結果が表示されることで，班ごとの実験の進行状況を捉えることができる。教師は，KB の情報を活用し，的確な机間指導をすることを心がける。[実]

《使用する ICT》

- Kneading Board（略称：KB）（☞ 94 ページ参照）
- 児童用 PC（各班に 1 台）
- 教師用 PC とプロジェクタ

◉単元や授業の様子

(1) 学習計画を立てよう（図 3-11）。

教師は，「力の強い電磁石をつくろう」という課題を提示した。何が電磁石の磁力と関連しているか，それをどのように検証できるかについて，児童と教師が話し合った。今回は，自作の電磁石で自由に遊んだ後，不思議に思ったこと，疑問に思ったこと，もっとじっくり調べたいことを，白紙の KB シートに記入させ，学習計画の手がかりとした。

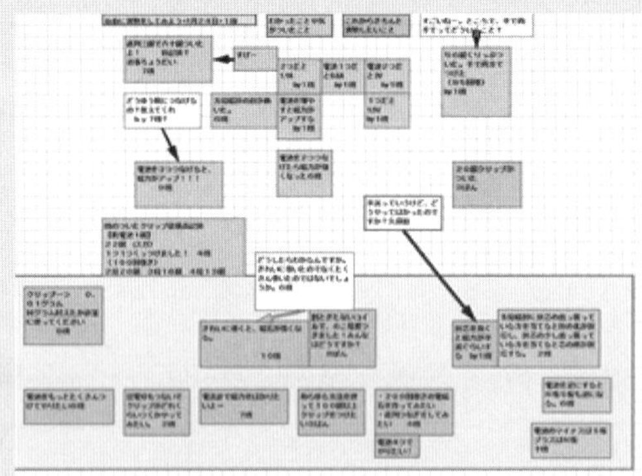

図 3-11
自作の電磁石で遊びながら，不思議な点，もっと調べたい点を KB に記入した。「力の強い磁石を作ろう」の大テーマが作成された。小テーマとして，電池の数を変える，コイルの巻き数を変える，芯を変える，巻き方を変えるなどが作られた。

(2) 電池が 1 つのときと 2 つのときの電磁石の力を比べよう

すべての班の電池の数と磁力の関係を，KB シート上で一覧できるようにした。表の列は，電池 1 つまたは 2 つの時の「電流の大きさ」と「引きつけられるクリップの数」とし，行は 1 ～ 8 班とした。実験の度に最新の数値を入力させた。

(3) コイルが 100 回巻きのときと 200 回巻きのときの電磁石の力を比べよう

(2) で使った表の「電池の数」を「コイルの巻き数」に置き換え，利用した（図 3-12）。前時と同様に，それぞれが実験を行う度に KB シート上の値が変化するので，他の班の結果にも興味をもちながら実験を行った。それによって，実験結果を多くの班と比較することができるので，実験結果に自信をもてたり，自主的に再実験を行ったりした。新たな疑問を見つけた児童は，自ら発展実験を行った。

さらに，児童は各班の数値が大きくバラついていることに気づいた。班どうしでクリップの数を比較するには，クリップの付け方を全班で統一すべきと感じた児童が，クラス統一のルールを自主的に作り，余白に掲示した。

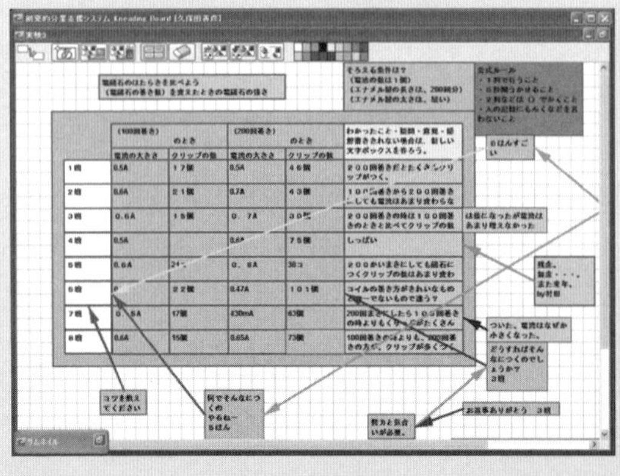

図 3-12
横軸に「100 回巻きの電流の大きさとクリップの数」「200 回巻きの電流の大きさとクリップの数」「わかったこと・疑問」を記入する文字ノードを用意した。
適度な余白があったため，賞賛や問題のある実験結果に対する指摘などが行われた。
活動の後半で，右上には赤の文字ノードに「統一ルール」が掲示された。

◉本時の展開

《事前の活動》

- 自作の電磁石で自由に遊んだ後，不思議に思ったこと，疑問に思ったこと，もっとじっくり調べたいことを，白紙の KB シートに記入させた。それを参考に，学習計画を立てた。
- 乾電池の数を変え，電磁石の力を調べた。実験結果は KB で共有し，それを手がかりに考察した。

《本時の活動》

学習活動	指導上の留意点
1. 前時の活動を振り返る。	
KB 上に示された，実験結果と考察を表示し，前時の活動を振り返る。	考察だけでなく，実験の留意点についても確認する。
2. 本時の活動を知る。	
コイルの巻き数を 100 回巻きから 200 回巻きに変えると，電磁石の磁力はどのように変化するだろうか？	
3. 予想する。	
	自由試行での実験から，予想させる。
4. 実験計画を班ごとに立てる。	
前時の活動から，条件制御の方法を検討する。	巻き数以外の条件（電流やエナメル線の太さ）を，確認する。
磁力は，引きつけられたクリップの数で表す。	
5. 実験をする。	
各班で実験を行う。実験結果は，KB にリアルタイムに表示する。	実験結果の他に，他班へのコメントを加えてもよいことを伝える。
他の班の実験方法や実験結果を参考にして，自班の改善を行う。	
6. 実験結果をまとめる。	
KB からの気づきを中心に，実験結果をまとめる。	実験をしながら，各班のデータは閲覧しているため，詳細は確認しない。

●小学校6年　理科「月の満ち欠け」7時間

3-6 天体シミュレーションで実感する

授業実践者：　楠本　誠（松坂市立三雲中学校）

◉この単元の概要

月の満ち欠けに関する学習です。まず児童は，自宅で同じ時間の月の形と場所を観察します。その観察記録を学校に持ち寄り考察をすることで，満ち欠けの規則性を発見します。児童の観察記録は，観察技術に差があることや，観察場所が異なるため，動きや形の詳細を捉えることはできません。そこで，夜間の観察の振り返りを支援するために天体シミュレーションを活用しました。

天体シミュレーションでは簡便な操作で，視野の方向を変えたり，時間を進めたり戻したりすることができます。これらの操作を電子情報ボード上で行うことで，教師はパソコンと黒板を行ったり来たりすることなく同じ場所で子どもと向き合いながら説明することができます。また，電子情報ボードには書き込みが可能です。書き込み機能を活用して，児童らの理解を助けます。

◉単元の目標

❶太陽と月の共通点や差異点に興味をもち，進んで発言しようとする。(参)
❷日没直後の太陽の位置と，そのときの月の形と位置を観察し，月と太陽との位置関係がわかる。(科)
❸月の形が日によって変わって見える理由について推論し，予想や仮説をもち自分の考えを表現できる。[実]（科）

◉ ICT活用のポイント

《この授業を通して，児童のどんな情報活用能力が伸びるのか》
- 天体シミュレーションを操作したり，閲覧したりすることで意欲的に学習する力。(参)
- 天体シミュレーションの情報から，自己の観察結果を再整理する力。[実]
- 電子情報ボードで示される情報から，自分の観察や学習を振り返る力。(実)（科）

《より良く育成するために，教師にどんな支援・活動が求められるのか》
- 天体シミュレーションに頼るのでなく，実体験を補完する道具として扱う。[科]
- 天体シミュレーションは黒板方向のスクリーンに投影することが多い。しかし，天体シミュレーション内の映像は，方位や高度が変化する。児童の方位認識が曖昧になるため，ゆっくり操作すると共に，閲覧している方位を十分に確認する。[科]
- 天体シミュレーションは，一つの月を写すことしかできない。変化を捉えるためには，電子情報ボードに連続する複数の月を書き込んだり，月のモデルを貼り付けたりすることで，変化を捉えやすくする。　[科]

《使用するICT》
- 天体シミュレーション　Mitaka，Mitaka Plus＊
- 電子情報ボードと実物投影機
- 教師用PCとプロジェクタ

◉単元や授業の様子

(1) 太陽と月の表面の様子

太陽と月の表面の様子や見え方などについて，観察や資料をもとに比較しながらまとめた。また，天体シミュレーションを使い，既習事項である月の日周運動を確認した。

(2) 月の形

日没直後の月の形と位置を調べて，1 週間にわたって記録した。観察記録を持ち寄り，天体シミュレーションを照らし合わせ，月は日によって形を変えることをまとめた（本時）（図 3-13，図 3-14）。

図 3-13　屋上で観察の仕方を学ぶ

授業ではICTの活用だけでなく，実際に体験や経験を行いたい。
1 週間の月の観察の前に，学校の屋上で方位の確認と天体の観察の仕方を学習した。

図 3-14　実践での使用場面

天体シミュレーションの操作は，電子情報ボード上で行った。操作が容易であるため，児童にも操作をさせながら授業をすすめた。
実践では各家庭で行った観察結果を照らし合わせる場面や，月の位置と太陽を確認する場面で用いた。

(3) 太陽と月の位置

月の形が変わって見える理由を，ボールに光を当てるモデル実験で確かめた。モデル実験の内容を，天体シミュレーションで確認した。

＊本ソフトは無料であることに加え，各自で撮影したパノラマ写真を，天体シミュレーションの背景にすることができます。たとえば，学校の屋上からのパノラマ写真を使うことで，観察時の臨場感を高められます。
http://4d2u.nao.ac.jp/html/program/mitaka/, http://orihalcon.jp/mitakaplus/も参照してください。

◉本時の展開

《本時の活動》

学習活動	指導上の留意点
1. 記録を共有する	
・宿題の観察記録を表示して説明する。	実物投影機を使用し，観察記録を表示して説明させる。 ・月の位置（方位や高度）を意識させて発表させる。 ・それぞれの観察結果（月の位置や形）を電子情報ボードに書き込み記録し，まとめて表示する。
1週間，月を観察してわかったことをまとめよう。	
2. 課題を確認する。 ・まとめた観察記録を見る。 ・観察記録からわかったことを考える。	
〈予想される児童の意見〉 ・月の形や見える位置は変わっているが変化がはっきりしない。 ・方角が曖昧である。 ・背景が違っていてはっきりしない。	
3. 課題を解決する。	
・天体シミュレーションを閲覧し課題を解決する。 ・児童が天体シミュレーションを操作する。	1回のクリックで月が1日分移動するように，事前に設定する。 1週間の月の動きと位置を天体シミュレーションの背景を動かさず，すべて閲覧できるように画面を調整しておく。 月の位置と形を電子情報ボードに書き込んだり，モデル図を貼ったりして，全体で捉えられるようにする。
4. まとめる ・月は日を追うと形が変わった（大きくなった）。 ・月は日を追って同じ時間に観察すると，南の方に傾いた。	
5. 発展的な課題を見つける。	
・月の欠けている方向が同じなのはなぜだろう。 ・月の輝いている方向が同じなのはなぜだろう。	発展的な課題を提示し，次回につなげる。

●小学校6年　外国語活動「Please come to Japan someday!」10時間

3-7 国を越えてつながる楽しさを味わう

授業実践者：　大下さやか（柏崎市立北条小学校）

◉この単元の概要

IP電話ソフトSkype（スカイプ）を用いて台湾の小学生と定期的に交流し，日本の文化について発表したり，台湾の文化について説明を聞いたりします。互いの国のことを知り合うことを通して，異なる言語や文化をもつ人とのコミュニケーションの楽しさやよさを体感します。

◉単元の目標

❶自分の伝えたいことを考え，言語や非言語を用いて伝える。[実]
❷異なる文化にふれ，映像や音声を通してそのおもしろさやよさに気づく。(実)(参)
❸相手と言語や非言語を用いてかかわることを楽しむ。(参)

◉ICT活用のポイント

《この授業を通して，児童のどんな情報活用能力が伸びるのか》

- 自分の伝えたいことの情報を集め，相手に伝わりやすいようにまとめる力。[実]
- 映像と音声を用いて，相手にわかりやすく伝える力。[実]（参）
- 相手とのやりとりを楽しみ，学び合う力。(参)

《より良く育成するために，教師にどんな支援・活動が求められるのか》

- 伝えるために有効な表現方法を各グループの内容に応じて考えさせ，そのために必要な材料や道具を用意し，子どもが自由に使えるようにしておく。[実]
- 英語や中国語という言語だけでなく，実際にやってみたり，ポスターに図を書いて示したりするなど非言語を加えることで，相手に伝わりやすくなることを実感させる。[実][科][参]
- 伝えたいことを詳しく調べられるように，本やインターネットを活用できる環境を整えておく。また，どのような言葉や方法で伝えたらよいか悩んでいるときにアドバイスをする。[実]

《使用するICT》

- 電子情報ボード
- IP電話ソフト：Skype*
- プロジェクタ
- スピーカー
- Webカメラ（マイクが内蔵されているもの）
- 教師用PC
- 児童用PC

図3-15

＊Skype（スカイプ）は，インターネット電話ソフトです。無料のソフトをインストールし，Skypeユーザーになれば，世界中と無料で音声通話ができる。Webカメラに接続すれば，TV電話も可能です。　http://www.skype.com/も参照してください。

◉単元や授業の様子

(1) 伝えるための準備

紹介したい日本の食べ物を決め，同じ食べ物を選んだ者同士でチームをつくり，それぞれのチームごとに準備を進めた。台湾の小学生に紹介するために「もっと詳しくその食べ物のことが知りたい」という思いをもった子どもは，インターネットや本などを用いて調べ学習に取り組んだ。調べたことの中から，伝えたいことを厳選し，文字に写真やイラストなどを交えて各々の表現方法でまとめていった。ポスターや実物をWebカメラで映しながら話し，よりわかりやすい説明にしようとするチームが多く見られた。また，学級の仲間にアンケートを行い，給食ランキングを作ったり，人気No.1の和菓子は何かをクイズにしたりするなど，発表の内容を工夫するチームも現れた。

図3-16　アンケート結果を整理する

図3-17　インターネットで調べる

(2) ALTと留学生との交流

発表準備を進めていく過程で，子どもは「台湾の小学生だけでなく，もっといろいろな国の人に伝えたい」と思うようになった。そこで，さまざまな国のゲストを招き，調べたことを聞いてもらう，「ROKUNICHELIN（ロクニシュラン）」（発表を聞き，星の数で評価してもらう活動）と題した活動を提案した。

図3-18　日本の食べ物について直接伝える

活動には，イギリス，中国，カナダ，ベトナム，フランスから来ているALTと上越教育大学の留学生をinspector（調査官）として招いた。教室を食べ物ごとのブースに分け，味や食べ方などについてまとめたことをポスターや写真などを活用しながら紹介した。言語だけでなく表情やジェスチャーなどの非言語も加え，相手に何とか伝えようとする子どもの姿が見られた。

> 後ろでお茶を飲んでくれた人たちの表情がすごくよく，より伝わりやすくなりました。台湾の人も日本のお茶を飲んで実感してくれて嬉しかったし，飲んだお茶の種類は違うけれど，味・おいしさ・風味がよく伝わったと思います。

(3) 台湾の小学生との交流

画面を通しての交流では，おにぎりを握りながら作り方を紹介して，台湾の小学生にもおにぎり作りを体験してもらったり，日本茶を入れ，一緒に味わいながらお茶について紹介したりした。また，相手の反応を見ながらクイズの問題を繰り返し言って伝えたり，タイミングを図って正解を伝えたりした。

図3-19　日本茶について紹介する

図3-20　おにぎりの作り方を紹介

図3-21　日本茶を飲む台湾の小学生

《交流後の子どもの感想》
いよいよ僕たちおでんチームの発表がきました。波乱の展開でした。ロクニシュランの時は，オリジナルメニューを渡せたけれど，今回はテレビを通しているので渡せないことに気づきました。そこで，友だちのアイディアでメニューを開いてモニターに映して説明しました。すると，なんと向こうにもおでんがありました。でも，ロールキャベツやミートボールがあって日本のおでんとは少し違いました。臨機応変に対応して日本と台湾の違いもわかったのでとてもいい交流になりました。
交流を通してわかったことは，実際にやってみることが大事だということと，やっぱり文章には絵や写真が必要だということです。次に紹介する時もそれらのことを取り入れて，台湾の人にわかりやすく伝えられるようにしたいと思います。これからもいろいろなことを紹介し合って，台湾の人たちと交流していきたいです。

◉本時の展開

《事前の活動》
- 紹介したい日本の食べ物を考え，同じ食べ物を選んだ者同士のチームをつくり，それぞれのチームごとに発表の準備を行った。
- さまざまな国の人と交流する機会を設定し，実際に相手を目の前にして発表する「ROKUNICHELIN（ロクニシュラン）」という活動を行った。
- 年間を通して，自分のオリジナルの辞書（「My world dictionary（子どもたちが付けた名前）」）づくりを行っている。そこには，英語や中国語など，子どもが興味をもって調べた言葉や，紹介する際に教師が教えた便利な言葉などが書き綴られている。

《本時の活動》

学習活動	指導上の留意点
1. 台湾の小学生にチームごとに日本の食べ物を紹介する。	発表に必要な機器を用意しておき，子どもがスムーズに使えるようにしておく。
※発表していないチームは，他のチームの発表を聞いて，聞き取れた英語の言葉を My world dictionary に書く。 ※発表が終わったら，Comment book（相互評価カード）にそのチームのよかったところや気づいたことを記入する。	うまく伝わらない時には，英語や日本語で手助けをする。 ウェブカメラの使い方やポスター，実物などの見せ方についてのアドバイスを必要に応じて行う。 My world dictionary と Comment book を手元に置かせておき，記入を促す。
2. チームごとに，今日の発表を振り返り，よかったところや改善したいところについて話し合う。	活動中の子どもの姿を認め，自分の活動に満足感や自信をもたせたり，次の活動に向けてのアドバイスをしたりする。
3. 活動全体を振り返って，わかったことや思ったこと，次にやってみたいことについて作文に書く。	子どもの作文から，活動を通して得られた学びをとらえ，子どもの思いを次の活動につなげるようにする。

●小学校2年　生活科「冬を見つけた」　5時間

3-8　注釈付き写真で気づきを振り返る

授業実践者：　久保田善彦（元・つくば市立並木小学校）

◉この単元の概要

1年生で身近な四季の変化を学習した児童は，昨年にはなかった発見をしようという目標をもち，学校内や近隣の公園の観察を季節ごとに行っています。4月は，「春を発見しよう」，7月は「夏を発見しよう」，2月は「冬を発見しよう」をテーマとしています。これまでは，観察の「気づき」を絵と文章で記録し，発表させていました。この実践では，絵の代わりに，モバイル端末で季節ごとの気づきを撮影し，さらに，撮影した写真に文章や記号で気づきのポイントを書き込ませています（注釈付き写真と呼びます）。

モバイル端末の利用によって，児童は，観察を行っているその場で多様な感覚に裏打ちされた「気づき」を記録することができます。また，注釈付き写真を見ることで，振り返りが容易になります。

◉単元の目標

❶自然に関心をもち，進んで自然とふれあい，楽しく活動しようとする。（参）
❷探検や遊びを通して，身近な自然に対して気づいたことや楽しかったことを工夫して友達に伝えることができる。[実]（参）
❸季節の変化や自然とふれあう楽しさについて気づくことができる。（参）

◉ ICT活用のポイント

《この授業を通して，児童のどんな情報活用能力が伸びるのか》

- デジタルカメラで記録をとる技術。[実]
- 注釈を入れることで，映像の注目すべき点を確認したり，映像以外の諸感覚の情報を整理したりする力。[実]
- 写真と注釈の情報を使い，観察対象をよりリアルに振り返る力。[実]

《より良く育成するために，教師にどんな支援・活動が求められるのか》

- 低学年であるため，指導をしても，写真のぶれやピントのぼけが生じる。デジタルカメラなので，何度も撮影し直し，気に入ったものを使わせる。[実]
- 活動の振り返りは，写真の中の気づきと共に，その回りの様子も想起できるように支援する。（科）
- 伝え合う活動では，お互いの良さを認め合わせる。（実）（参）

《使用するICT》

- モバイル端末「スタディノートポケット」*
- プリンタ（各班に1台）
- 教材提示装置とプロジェクタ

＊ PDAとグループウェアを連携させた，モバイル学習システムです。http://www.study.gr.jp/product/snote/pocket/index.html を参照してください。なお注釈付き写真の実践は，カメラ付きのタブレットなどを用いても可能です。

◉単元や授業の様子

（1）「気づき」を記録する（2 時間）：本時

野外観察を学校に隣接する並木公園で行った。機材の数や児童の操作スキルを考慮し，モバイル端末 1 台を 2 人で利用させた（図 3-22，図 3-23）。初めてモバイル端末を利用する場面では，写真への注釈の付け方を説明すると共に，気がついたことや考えたことを自由に写真に書き込んでもよいと説明した。

図 3-22　「冬を見つけよう」の一場面

2 人 1 組になって，校庭の草花を撮影している。写真には，ペンを使って書き込みをする。

図3-23「冬を見つけよう」の一場面

その場での気づきを，写真に書き込む。形や色，音などの気づきがたくさんある。この書き込みを見ながら，活動を振り返る。

（2）「気づき」を振り返る（1 時間）

観察活動の翌日に，次時の発表会のために，野外観察での「気づき」を整理し，発表原稿を作成する活動を実施した。A4 用紙の上半分にモバイル端末の注釈付き写真を，下半分に罫線を印刷した，振り返りシートを利用した。振り返りシートの下半分に，観察時の「気づき」を文章で書かせた。

（3）「気づき」を伝え合う（2 時間）

振り返りシートで文章化した「気づき」を，教室内の全員に対し発表させた。発表では，写真をプロジェクタで拡大して表示した。

◉本時の展開

《本時の活動（2時間扱い）》

学習活動	指導上の留意点
1. 秋の自然を振り返る。	
秋の気づきカードを見ながら，秋の気づきを振り返る。	秋にとった写真を見せながら，気づきを想起させる。 諸感覚の気づきも取り上げる。
2. 本時の活動を知る。	
並木公園の冬を見つけにいこう。	
秋と比べ，どのように変化しているかを，予想する。	通学の時の様子などから，具体的な予想をさせる。
3. 活動の決まりを知る。	
活動の範囲や観察のグループを確認する。また，モバイル端末の使い方を確認する。	危険な場所を確認する。 撮影の仕方や，データの保存の方法を確認する。
4. 公園を探検し，気づきを記録する。	
冬を見つけた場所で写真を撮影する。写真はその場で，気づきのキーワードを書き込む（図1，2）。	風の音や，落ち葉を握ったときの手応え，池の氷を割ったときの音なども記録させるようにする。
5. 次の時間の活動を知る。	
今後，それぞれが見つけた冬を伝える活動をすることを知る。そのために，次時は，作成した注釈付き写真を振り返ることを知る。	

《事後の活動》

- 注釈付き写真（図3-23）を閲覧しながら，気づきの振り返りをする。
- 振り返りの結果を，クラスの友達に伝える活動をする。その際に，注釈付き写真をプロジェクタで拡大した。

●小学校４年　図画工作「何でもボックスの中の私」　４時間

3-9 図工の作品の中に自分を入れる

授業実践者：　久保田善彦（元・つくば市立並木小学校）

◉この単元の概要

段ボールを使って「何でもボックス」を制作する活動をしました。何でもボックスは，段ボールや空き箱を材料とし，空想上の自分の部屋やタワー，野球場などを作る活動です。本実践は，「何でもボックス」の中に，制作者である自分の写真を取り込む活動です。

児童は，画像処理ソフトを使い，思い思いのポーズの自分の写真を切り抜きます。その写真を，何でもボックスの写真の中に貼り付けることで，自分の作品の中の自分を作り出しました。

◉単元の目標

❶空き箱や空き容器の形や色，それらを組み合わせたものから発想を広げ，つくりたいものを想像することができる。（実）
❷空き箱を切ったり，折ったり，ほかの材料と組み合わせたりしてつくる。必要に応じて色を塗ることができる。（実）
❸作品の中に，自分を合成することで，作品のイメージを深めることができる。［実］

◉ ICT 活用のポイント

《この授業を通して，児童のどんな情報活用能力が伸びるのか》

- 画像処理ソフトを利用し，写真の加工や合成をする技能。［実］（科）
- 作品の中の自分を想像することで，作品の新しいイメージや，作品にストーリーを加える力。（実）
- 作品の写真や生徒の写真を，色々な角度で撮影することで，イメージを広げる力。［実］

《より良く育成するために，教師にどんな支援・活動が求められるのか》

- 完成イメージを十分に考えさせた後に，撮影をさせる。［実］（科）
- ４年生にとって画像処理ソフトの操作は難しい。操作の様子を，プロジェクタで拡大しながら見せると同時に，操作の手順の概要を黒板に示し，児童がいつでも手順を振り返ることができるようにする。［実］
- クロマキーの技術を使うため，人物の背景は，単一色かつ人物とのコントラストが高いものにする。［実］（科）

《使用する ICT》

- PC　16 台（2～3名で1台）
- 画像処理ソフト　GIMP＊
- デジタルカメラ　8台（各班に1台）
- プロジェクタ

＊高機能の画像処理用フリーソフトです。http://gimp-win.sourceforge.net/stable.html からダウンロード可能です。

◉単元や授業の様子

(1) 写真撮影

自分の制作した作品をいろいろな角度からデジタルカメラで撮影する。次に，作品の写真に合うポーズを考え，自分自身を撮影した。撮影をする側とされる側でイメージを確認し合いながら行った。自分の作品の中に入った自分を想像することで，意欲的に取り組めた。

(2) 写真の合成・加工

写真の合成を行うのに，画像処理ソフト「GIMP」を用いた。限定した機能の利用であれば，教師の説明で児童にも利用可能である。

画像処理ソフトは，撮影した写真を切り抜き，作品の写真に貼り付け，位置や大きさ，向きなどを調節できる。児童は，納得がいくまで，切り抜く部分の修正や，やり直しをすることができた。

図3-24　「写真撮影」の一場面
自分の作った何でもボックスを撮影する。合成の仕上がりを考えて，さまざまな角度で撮影をした。

図3-25　「写真の合成・加工」の一場面
ポーズをとった自分の写真を画像処理ソフトに表示させる。マグネットツールで人間を選択し，切り抜く。人と背景のコントラストがはっきりしていると切り抜きやすい。

図3-26 「写真の切り抜き，加工」の一場面
何でもボックスの中に，切り抜いた自分の画像を合成する。写真は，ピッチャーのポーズをした自分を，自分が作成した野球場に合成している。

◉本時の展開

《事前の活動》

●自分で作った何でもボックスの撮影と，ポーズをとった自分の撮影を行う。複数枚の写真を撮影し，保存しておく。

《本時の活動》

学習活動	指導上の留意点
1. 本時の課題を知る。	
何でもボックスの中に自分を入れよう。	
2. 人物を切り取る。	
切り取りの方法を知る。	操作手順を板書する。また，PC 画面をプロジェクタで拡大し，操作の説明をする。
前時に撮影した“ポーズをとった自分の写真”を読み込み，背景を切り取る。	
3. 何でもボックスの中に貼り付ける。	
写真の合成の方法を知る。	写真は，拡大・縮小，回転・反転などをさせ，よりイメージにあうように工夫させる。
前時に撮影した何でもボックスと切り抜いた自分の写真を読み込み，イメージにあった場所に貼り付ける。	
4. 振り返る	
自分の合成写真を閲覧し，イメージに沿った作品になっているかを考える。	納得がいかない児童は，次時に，再度，撮影と合成をさせる。

●中学校2年　技術・家庭科（技術分野）「計測・制御　AVRマイコンで信号機を制御しよう」　10時間

3-10　プログラムを作成して模型を動かす

授業実践者：　松風嘉男（上越市立直江津東中学校）

◉この題材の概要

AVRマイコンというワンチップマイコンとブレッドボード（はんだ付けが不要な，実験用の基板）を用い，LEDを使用した信号機の模型を点滅させるプログラムを作成します。まず，信号機の動作をフローチャートに書き表し，そのフローチャートを基に，基本的な命令語を使いプログラミングを行います。作成したプログラムをAVRマイコンに書き込み，動作確認を行い，プログラムの修正を行いながら，正しく動作するプログラムを作り上げていきます。

◉題材の目標

❶社会や生活の中で使われているコンピュータ制御機器について，計測・制御の技術と生活とのかかわりについて考えることができる。[科]
❷コンピュータを利用した計測・制御の基本的な仕組みを修得することができる。[科]
❸目的に応じた計測・制御をするために，情報処理の手順を考え，簡単なプログラムを作成したり，修正したりすることができる。[実][科]

◉ICT活用のポイント

《この授業を通して，生徒のどんな情報活用能力が伸びるのか》

- デジタルフォトフレーム（デジタル写真を表示する写真立て）の中に収録されているデジタルマニュアル（作業の仕方やヒントなど）を閲覧することにより，思考を広げたり，新たな学びに気づいたりすることができる力。[実]
- 自分の考えを友達の考えと関連させて整理する力。(実)
- プログラミングを作成する過程で起こるさまざまな問題について，話し合いながら解決する学びあう力。(参)
- デジタルマニュアルから必要な情報を取り出す力。[実]

《より良く育成するために，教師にどんな支援・活動が求められるのか》

- さまざまな視点から考え，改善に必要な諸条件について分析できるよう，ペアや他のペアと意見交換をする場を設定する。(実)
- 活動の中で生じる問題を解決できたり，作業進度に差が出た場合でも，自分の進度で製作活動ができるよう，解決方法につながるヒントや課題を入れたデジタルマニュアルを用意する。(実)

《使用するICT》

- デジタルフォトフレーム　(各班2台)
- 教師用PC　1台
- ペンタブレット（WACOM）＋白板ソフト*＋書画カメラ（AVerMedia）(各1台)

＊株式会社マイクロブレインから提供されています。手書きや画像，テキスト，カメラの内容をはさみで切り取り自在に動かすことができる，電子情報ボードに適したソフトです。フリー版もありますので http://www.mbrain.com/ も参照してください。

◉単元や授業の様子

デジタルフォトフレーム内に入れてあるデジタルマニュアルを閲覧しながら，信号機の模型を動かす制御学習を行った。また，信号機の模型の動作を書画カメラで表示し，それを見ながら，ペンタブレット上の白板ソフト上の命令語を組み替えた。書画カメラの映像と，命令語の配列を同時に表示することで，わかりやすい説明ができた。生徒は，プログラミングの手順や命令語の意味についての理解を深め，１台の信号機はどのように動くのかをフローチャートで書き表した。イメージをもちやすくするため，ワークシート（図3-27）を作成し，今どの部分を書き表しているのかわかるように工夫した。

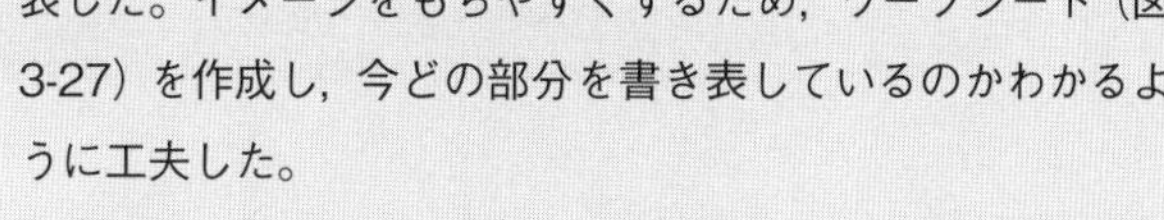

図 3-27　LED を使って製作した信号機模型（下）とフローチャート（上）

書画カメラとペンタブレットを接続し，信号機の動作を見せ，実際の動きと，命令語の配列を確認した。生徒は，動きを確認しながら考えたフローチャートと命令語を照らし合わせプログラムを作成していった。白版ソフトに表示されている命令語には色が付いているため，紙のプログラムにも色をつけてわかりやすく表していた。

考えたプログラムをコンピュータに入力した。プログラムを入力後，コンパイル（人間がプログラミング言語を用いて作成したものを，コンピュータ上で実行可能な形式に変換すること）した。そして，信号機を制御するマイコン（AVR）に転送した。転送が完了すると，プログラム通り信号機が動き始めた。

各班には２台ずつ，デジタルフォトフレームが設置してある。その中には，デジタルマニュアル（作業の仕方やヒントなど）が収録されている。これを見て参考にすることで，プログラムを修正する場合など，自分たちに必要な情報を選び，プログラムを追加，修正することができた。また，早く課題が終わった生徒のために，発展的な問題を入れている。

１台目の信号機がうまく動いたら，その課題にそって次は２台同時に動かすプログラムを意欲的に作成していた。

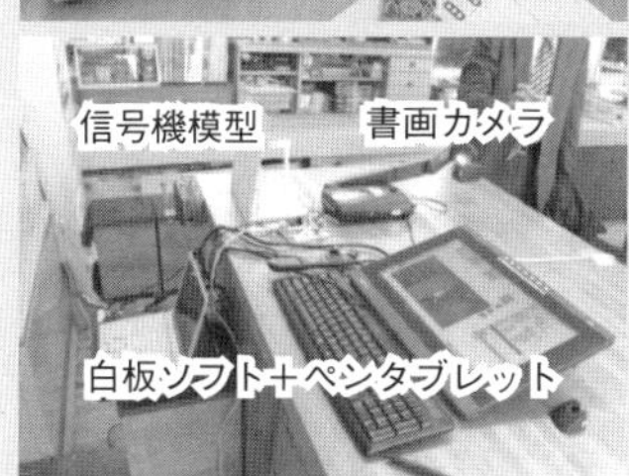

図 3-28　機材の接続状態

図 3-29　信号機が動く

図 3-30　デジタルフォトフレーム

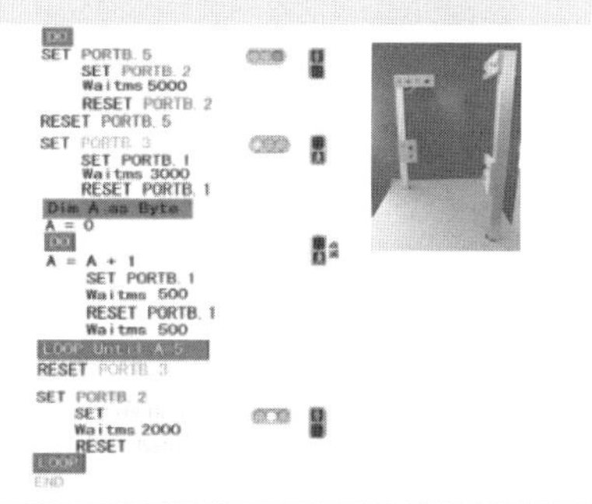

図 3-31　２台同時に動かす

◉本時の展開

《事前の活動》

● 基礎的な命令語を使って，一つのLEDを点灯・点滅させるプログラムを作成する。
● さまざまなプログラムが存在するため，命令語を配置した白板ソフトを利用し，代表グループが発表する。

《本時の活動》

学習活動	指導上の留意点
1. 本時の目標を知る。	
信号機を動かすプログラムを作成しよう。	
2. 1台の信号機（車両用，歩行者用）の手順を考え，フローチャートに記入する。	製作マニュアルをデジタル化し，各自が閲覧しながら製作活動ができるような環境を整える。
3. フローチャート通りのプログラムを，基本プログラムを利用しながら作成する。	フローチャートに表しながら計画，設計する場を設定する。
4. AVRライターを使ってAVRマイコンに書き込む。	活動の中で生じる問題を解決できるよう，グループで創造・工夫しながら，よりよいものを集団で作り上げていく場を設定する。
5. 動作確認をしながら，プログラムの修正を行う。	
6. 自分のプログラムで工夫したところを発表し合う。	改善に必要な諸条件について，他との相似点・相違点を明確にしながら意見交換する場面を位置付ける。
7. 本時の学習を振り返る。	

●小学校6年　体育「マット運動」　8時間

3-11 インターネットの模範演技を目指す

授業実践者：　久保田善彦（元・つくば市立並木小学校）

◉この単元の概要

高学年は，感覚的に体を動かす中学年の段階から，頭で考えて技術を習得し，改善しようとする段階へと発達する時期です。インターネットのデジタルコンテンツから演技のポイントを知り，視覚的にとらえた後で，自らの演技を練習します。またデジタルカメラの動画機能を使い，演技を撮影します。撮影した動画とデジタルコンテンツの模範演技を比べることで，演技の改善ポイントを自分でみつけることができました。

◉単元の目標

❶マット運動のきまりを守り，安全に気をつけながら，意欲的にマット運動をしようとする。(参)
❷自己の学習課題を明確にして，運動の場や練習の方法を工夫し，協力して計画的な練習をする。(実)
❸自己の能力に適した演技を選び，易しい条件のもとで取り組んだり，同じ演技を繰り返したり，演技を組み合わせたりすることができる。(実)

◉ ICT 活用のポイント

《この授業を通して，児童のどんな情報活用能力が伸びるのか》

- ●コンテンツを繰り返し見ることで，模範演技と演技のポイントを理解する力。[実]
- ●デジタルカメラで自分の演技を撮影することで，模範演技と自分の演技を比較する力。[実]
- ●デジタルコンテンツには，さまざまなレベルの演技が収録されている。そのため自分の力量を見極めて，自分にあった活動を組織する力。[実]

《より良く育成するために，教師にどんな支援・活動が求められるのか》

- ●コンテンツは，演技のポイントごとに静止させ，具体的に理解させる。クラス全体に伝えたい場合には，電子黒板を用いると，コンテンツへ書き込みができるため，演技のポイントを理解させやすい。[実]
- ●コンテンツと同じ向きに動画を撮影させることで，演技の比較を容易にさせることができる。[科]
- ●少人数の班での活動となるが，演技者，撮影者などの役割をあらかじめ伝えると共に，順番に役割ができるように配慮する。(参)

《使用する ICT》

- ●インターネットに接続できる児童用ノートPC　10台
- ●インターネットに接続できる教師用ノートPC　1台
- ●インターネットコンテンツ*
- ●電子情報ボード

＊大阪市小学校体育研究会『子どもと先生のための器械運動の指導のコツ』http://taiiku17.web.fc2.com/ を参照。

◉単元や授業の様子

(1) 演技を知る。

インターネットコンテンツである「インターネットで体育の学習」を電子情報ボードに映し，その中のアニメーションを閲覧することで，これから取り組む演技を知った。その後，取り組む演技が同じ児童が集まり，児童用ノートPCで，班ごとにコンテンツを閲覧した。コンテンツに表示される，演技のポイントを見ることで，技の概要を理解した。

図3-32　「演技を知る」の一場面

自分のチャレンジする演技のポイントを確かめる。どの演技のポイントが，自分に大切かを考えながら見る。

(2) 自分の課題を確認する。

練習が始まると，演技の様子をデジタルカメラで撮影した。その映像と，コンテンツのアニメーションを比べながら，よりよい演技にするためにグループごとで話し合いをした。話し合いによって，自分の演技の改善点が明らかになり，その後の練習計画に生かすことができた。特に，手のつきかた，手の振り方，足の角度などに注目していた。

図3-33　「自分の課題を確認する」の一場面

デジタルカメラで撮影された自分の動画とコンテンツを比較し，改善点を探る。比較しやすいように，同じ場面で画面を静止させている。

(3) より高度な演技にチャレンジする。

個人の技能に合わせて，高度な演技にも挑戦させた。

◉本時の展開

《本時の活動》

学習活動	指導上の留意点
1. 前時の活動を振り返り，本時にチャレンジする演技を考える。	安易に，難易度の高い演技に移行するのではなく，現在の演技が十分に完成しているかを考えさせる。
2. 演技を知り，自分の課題を立て練習する。	
自分の演技のポイントを整理して，練習をしよう。	
①コンテンツを見ながら，演技の流れを知る。	練習をしている途中でも，コンテンツを閲覧させながら，ポイントを整理させる。
②演技のポイントを知る。	
③練習をする。	
④自分の課題を確認する。 デジタルカメラで演技を撮影し，その映像とコンテンツを見比べ，自分の課題を作る。	演技の比較は，小グループで行い，友達の意見も参考にさせる。
⑤自分の課題を練習する。	演技の比較は，小グループで行い，友達の意見も参考にさせる。
4. 振り返る 振り返りカードに，本時に解決できた点を記入する。練習をしている途中でも，コンテンツを閲覧させながら，ポイントを整理させる。	

●小学校 5 年　道徳「チャットを正しく使うには」　4 時間

3-12　チャットを正しく使う

授業実践者：　長谷川春生（元・新潟市立五十嵐小学校）

◉この単元の概要

この単元は，相手の顔が見えない等の理由からトラブルとなりやすい「文字のみによるネットコミュニケーション」（以下，単にネットコミュニケーションとする）を題材に，思いやりの心をもち，相手の立場に立って行動する態度を養う目的で行いました。読み物教材を利用や，留意点等を教師から説明するだけで終わるのではなく，児童に実際にチャットを十分に体験させ，それを基にネットコミュニケーションの特徴と，相手の立場に立ったインターネット利用の留意点を考えさせました。

◉単元の目標

❶ネットコミュニケーションの方法や目的を知り，チャット体験において，自分を含む参加者がどのような書き込みをするかを体験し，その様子を振り返って考えることができる。[参]

❷振り返りを基に，ネットコミュニケーションにおける留意点を，相手の立場に立って考えることができる。[参]

❸留意点を基に，思いやりの心をもち，相手の立場に立ったネットコミュニケーションを行うことができる。[参]

◉ ICT 活用のポイント

《この授業を通して，児童のどんな情報活用能力が伸びるのか》

- ICT 機器を正しく操作してネットコミュニケーションを行う力。[実]
- ネットコミュニケーションの特徴・現状の理解し，望ましいネットコミュニケーションを行う力。[科][参]

《より良く育成するために，教師にどんな支援・活動が求められるのか》

- インターネット上にある電子掲示板等を例にとり，ネットコミュニケーションの目的や方法を具体的に説明する。説明しただけでは十分な理解には至らず，児童自身の体験がさらに必要であるが，まずネットコミュニケーションの例を示し，そのおおまかな目的や使用法を理解させることは重要である。[実]（科）
- チャット等のネットコミュニケーションを十分に体験させる。児童自身の体験からネットコミュニケーションの長所，短所等の特徴を考えさせるため，特定の児童に対する誹謗中傷等がない場合は，チャット体験を自由に続けさせる。[参]

《使用する ICT》

- 小学生向け教育用統合ソフト「キューブきっず 2」のチャット機能
- 児童用 PC　（2 人 1 組で使用）
- チャットルームモニタ用 PC　（開設するチャットルーム数だけあるとよい）
- プロジェクタ　（学習内容，チャットルーム参加方法等の説明で使用）

◉単元や授業の様子

(1) 校内LANによるチャット体験

電子掲示板，チャット，ブログ等の具体例を通して，ネットコミュニケーションの方法や目的を知り，その上で「学校で楽しいこと」をテーマにした，チャット体験を行った。(図3-34)

図3-34　チャットに表示された問題のある発話

・テーマが誰にでも入力しやすいものであるため，すべてのPCから文章の入力があった。

・会話の内容を分析すると，望ましい発話と問題のある発話の割合は，約3：7で，問題のある発話の方が多くなった。

(2) チャット体験の気づきから留意点を考える

チャット体験によるネットコミュニケーションの気づきを，楽しい点，よい点，嫌な点，困った点の4つの観点から，一人ひとりが付箋紙に書き込み，グループごとに分類した。その後，ネットコミュニケーションの特徴を学級全体で発表し合い，それをもとに留意点をグループごとに話し合い，カードに記入した。(図3-35)

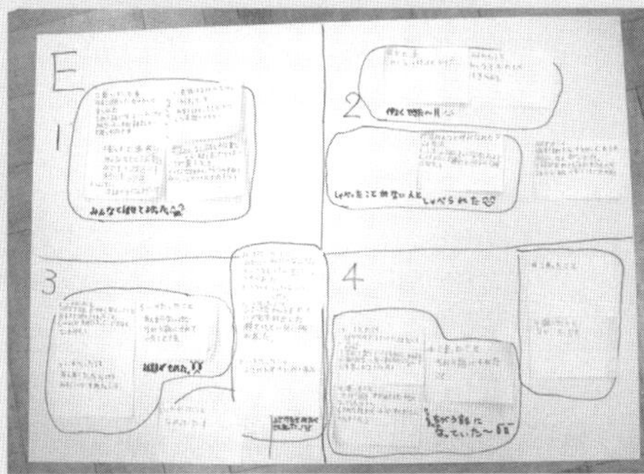

図3-35　チャットの留意点を付箋紙で分類

・チャット体験後，PC画面上のログを見て，会話のやり取りを思い出しながら，付箋紙に気づきを記入した。1人平均5つ程度の記入があった。

・長所として，交流できてよい，仲よくなれる，短所として，ふざけている言葉がある，話題がそれているなどの気づきがあった。

・チャットに参加する態度，参加者への思いやり・気配り，文・言葉・記号等のルール・マナー等に関する留意点が出された。

(3) 学んだことを基に，再度チャットをする

前時に考えたネットコミュニケーションの留意点を学級全体で発表し合い，確認した。その後，今まで学んだことを基に，学習のまとめとしてチャットをした。最後に，望ましいネットコミュニケーションができたかを振り返り，感想を書き，互いに発表した。(図3-36)

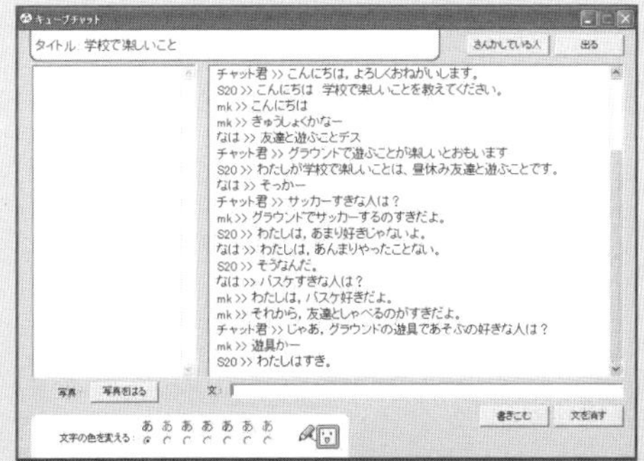

図3-36　再度チャットをした際の望ましい発話

・チャット体験と同じ内容・方法で学習のまとめとして再度チャットを行った。望ましい発話と問題のある発話の割合は，約9：1で，望ましい発話が多くなった。

・家庭等でネットコミュニケーションを行う場面に今回の学習が生かされることが大切であることを児童と話し合った。

◉本時の展開

《事前の活動（3／4）》

- ●校内LANを使ったチャット体験をもとに，ネットコミュニケーションの特徴を考える。
- ●ネットコミュニケーションの留意点をグループごとに考え，カードに記入しておく。

《本時の活動（4／4）》

学習活動	指導上の留意点
1. 前時でグループごとに考えたネットコミュニケーションの留意点を発表し合い，それをクラス全体で共有する。	各グループが記入したカードをホワイトボードに分類しながら留意点を学級全体で共有させる。 ・各グループに意見を発表させ，その意見が書いてあるカードをホワイトボードに貼らせながら活動を進める。似ている考えはホワイトボード上の同じ場所に集めるため，意見が出された後はそれと似ている意見があるかを確かめ，ある場合はそれらをホワイトボードの同じ場所に集まるように貼らせる。 ・教師が児童の発表の進行役をして，児童にわかりやすく，効率よく発表が進むようにする。 ・教師は，発表を進めながら，似ている意見をペンで囲み，見出しを付けるようにさせる。
2. 学級で共有したネットコミュニケーションの留意点についてよく考えながら，学習のまとめとして再度チャットを行う。	・導入で行ったチャット体験と同じテーマで行う。また，1台のコンピュータを使う2人の組み合わせと参加するチャットルームは導入と同じくする。同じ条件で行うことにより，望ましい発話が増えたことが実感できるようにする。
3. 望ましいネットコミュニケーションができたかを振り返り，感想を書き，互いに発表し合う。	・望ましいネットコミュニケーションができたことを評価し，それが家庭等でネットコミュニケーションを行う場面において生かされることが大切であることを話し合わせる。

3-13 コミュニケーションを通して学び合う

授業実践者：　樋口　英樹（上越市立春日小学校）

◉この単元の概要

校区では，郷土の先人・上杉謙信が遺した「義」の心が脈々と受け継がれています。子どもたちは，地域で活躍するさまざまな人と交流し，それぞれの信条や生きる姿勢について学びます。そして，交流した人々の間で共通する信条や生きる姿勢について話し合い，「義」の心への理解を深めていきます。

学習のまとめに，一人一人の子どもが，地域の一員としてよりよく生きていくためにどのような努力をしていくのかを「私の未来設計図」に整理します。

◉単元の目標

❶ポートフォリオを振り返り，自分の学びの過程や，その良さに気づくことができる。（科）
❷自分がこれまで取り組んできたことと，交流した人から学んだことを結びつけて考えることができる。（科）（参）
❸よりよい生き方を目指して，日常生活の中で自分が努力すべきことがわかる。（科）（参）

◉ ICT活用のポイント

《この授業を通して，児童のどんな情報活用能力が伸びるのか》

- 自分たちの学びをKneading Board（略称：KB）の画面上で共有することにより，思考を広げたり，新たな学びに気づいたりする力。［実］
- KBでの学びから，個人のイメージマップを見直し，学びを整理する力。（実）
- 自分の考えを友達の考えと関連させて整理する力。［実］
- 質疑応答し，コミュニケーションしながら学び合う力。（参）

《より良く育成するために，教師にどんな支援・活動が求められるのか》

- 子どもたち全員が自分の考えをKBに掲載できるように，事前指導の時間を確保する。（実）
- 気づきを深めたり意見交換を活発にしたりするために，教師が意図的に班を編成する。（参）
- 子どもが行う文字ノードの整理を予想し，作業が順調に進むようファシリテートする。［実］
- 班で作業する時間と全体で情報を共有する時間とを意図的に設定する。［実］［参］
- KBで学習した後の学びの変容を子どもが自覚できるように事後指導を工夫する。（参）

《使用するICT》

- Kneading Board（略称：KB）（☞ 94ページ参照）
- 児童用PC（各班に1台）
- 教師用PCとプロジェクタ

◉単元や授業の様子

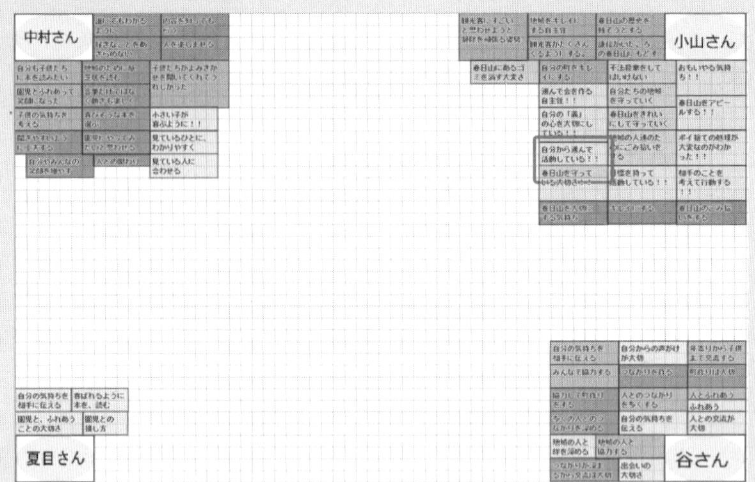

図 3-37　事前の活動

事前の活動で，図 3-37 のように KB シートを作った。子どもたちは，それぞれの交流した人から学んだことを文字ノードに書いている。文字ノードの色は，班ごとに指定した。

四隅にある「〜さん」は，交流した人の名前である。すべての班が画面を共有して，同じ KB の画面上で作業した。

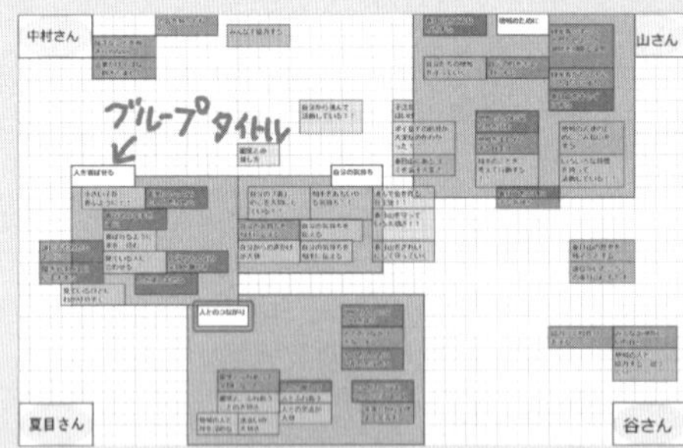

図 3-38　グループを整理・再編成

大まかにグループが形作られたら，教師はグループを整理する。教師の予想としては，「人とのつながり」「相手を喜ばせる」「地域を美しくする」「自分の気持ちを伝える」「自分から進んで取り組む」の 5 グループに整理されると思ったが，子どもの意識は「人を喜ばせる」「人とのつながり」「自分の気持ち」「地域のために」の 4 グループであった。

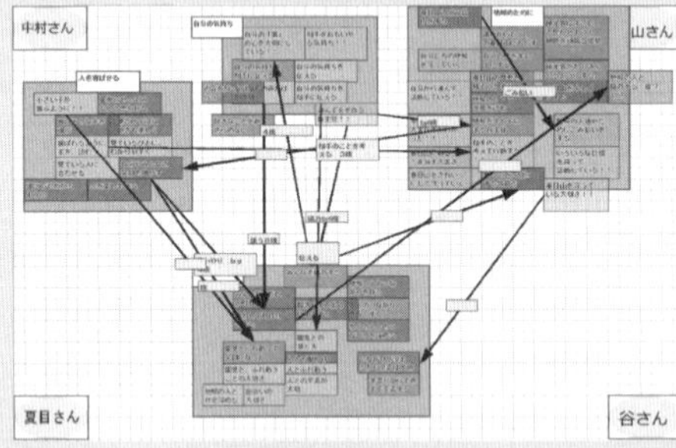

図 3-39　グループ間にリンクを張る

再編成したグループ間でつながる要素はないか考えさせ，リンクを張らせる。思考の段階が 1 段深まるので困難が予想されたが，他の班の様子を見て，作業の意図を理解し，自分たちの考えを次々と表出することができた。

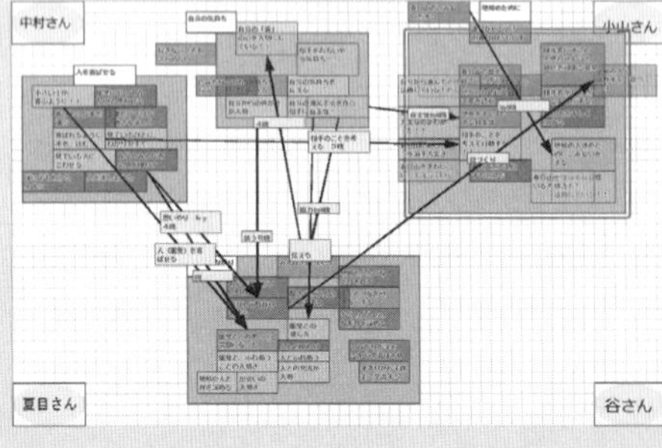

図 3-40　共通する思いを集約

グループ間をつなぐ言葉を整理すると，交流した 4 人に共通する思いは，

・自主性（自分から相手を誘う）

・相手のことを考える（人を喜ばせる，思いやり）

の 2 点に集約された。

そして，この 2 点が「義」の心につながるのではないかという結論に達した。

◉本時の展開

《事前の活動》

●交流した人の中から，自分が最も印象に残った人と，その人から学んだことをワークシートのイメージマップにまとめ，整理する。

●学んだことをキーワードにして，KB 上に文字ノードとして配置していく（図 3-37）。

《本時の活動（班ごとの活動）》

学習活動	指導上の留意点
1. 文字ノードの関連を考え，配置を変えながら，文字ノードを整理する。 不明な点があれば，KB 上でチャットのように質問する。	
2. グループに名前を付ける。（図 3-38）	ある程度文字ノードの整理が進んだら，作業を中断させ，最終的なグループ分けを教師が主導する。
3. グループ間を結びつけるものを考え，リンクを張る。（図 3-39）	キーワードを提示し，グループ間の関連付けを促す。
4. KB を通して共有した学びについて，教師が整理する。（図 3-40）	グループ名やグループ間をつなぐ言葉を用いて，交流した人々からの学びを整理する。

《事後の活動》

● KB を見て新たに気づいたことを，個人のイメージマップ（紙）に朱書きで加筆する。

●学習前・後のイメージマップを比較し，感じたことをワークシートに記入する。

《使ってみてわかる KB のメリット》

●自分の文字ノードがあるので，一人ひとりの子どもの当事者意識が高い。

●班活動をしながら学級集団全体の考えを把握できるので，考えの練り上げに有効である。

●小学校 5 年 特別活動 「宿泊学習のルールをつくろう」 3 時間

3-14 マンガ表現でさまざまなシチュエーションを考える

授業実践者：　中村　泰（石岡市立園部小学校）

◉この単元の概要

新学習指導要領の特別活動編では，その基本方針として，「特によりよい人間関係を築く力」の育成を重視することが掲げられています。「好ましい人間関係を築けない子どもの増加」は喫緊の課題です。望ましい集団活動を通して，人間関係を築こうとする実践的な態度が求められています。

そこでこの単元では，「宿泊学習におけるルール作り」を行いました。宿泊学習は小学校における集団生活を学ぶ場としては欠かせない活動です。その場において，自分たちの作ったルールで生活を行う活動は，より良い人間関係を結ぶ力を養ってくれるはずです。

しかしルール作りといっても，子どもたちには宿泊学習は初めての体験ですから，容易に作ることはできません。そこでこの単元では，ルール作りを促進するために，マンガ表現支援システム VoicingBoard を用いて，さまざまなシチュエーションをマンガで表現させました。

◉単元の目標

❶学級や学校の実態や，児童の発達段階を考慮しながら，創意工夫のあるルール作りをする。(参)
❷宿泊学習におけるルール作りを通して，児童による自主的・実践的な運営ができるようにする。(参)
❸互いの意思疎通を図る活動を通して，豊かなコミュニケーション能力を養い，集団における，より良い人間関係を築く。(参)

◉ ICT 活用のポイント

《この授業を通して，児童のどんな情報活用能力が伸びるのか》

- 初めての体験である登山や，宿泊生活における場面を想像する力。(実)
- マンガ表現であるため，他者を意識する感受性や，コミュニケーション力。[実] [参]
- 自分の考えと他者の考えをスムーズに理解し合う力。(実) (参)

《より良く育成するために，教師にどんな支援・活動が求められるのか》

- 普段からの何気ない落書きを自由に描かせることで，さまざまなシチュエーションを子どもに考えさせる。(実)
- 他の児童の作品を参考にさせることで、架空の状況を考える活動が苦手な児童に対応する。(実)
- あらかじめテーマを絞り，それらをテーマごとに印刷して教室に掲示することで，子どもたちにより理解を深めさせる。(科)

《使用する ICT》

- インターネットに接続できる児童用ノート PC　22 台（1 人 1 台）
- インターネットに接続できる教師用ノート PC　1 台
- マンガ表現支援システム「VoicingBoard」(略称：VB)（☞ 96 ページ参照）

◉単元や授業の様子

宿泊学習が７月上旬に行われるため，そのためのルール作りを６月中に行った。VB を用いて，登山や活動中にどのような困った場面が想定されるかを漫画で表現した（図 3-41）。

これらのさまざまなシチュエーションの中から，代表的なものをまとめ，「活動編」「登山編」「室内編」の三つにまとめ，それらの漫画を見ながら，自分なりのルール作りを行った。その後，グループで話し合い，ルール作りに対する考えを深めた。

ルールとしては，「先生の話を聞く（半数の児童）」「具合が悪くなったら先生に言う（3 分の１の児童）」のようなこれまでとあまり変わらない記述もあった。しかしその中には，「近くにいる人に友達が，おなかが痛い時は，温かいタオルをもらう」「間違えても怒らないで周りの人がフォローする」など，具体的で感情的な面に配慮する記述がみられた。

図 3-41　表現されたマンガの例

◉本時の展開

学習活動	指導上の留意点
1. VoicingBoardで，「登山」「宿泊」において，どのように困る場面があるかを想定し，表現する。	途中，全体でいくつかの作品を紹介し，参考とさせる。
2. 紙面に印刷し，教室に掲示をする。	休み時間等を利用し，多くの児童の作品を見るように促す。
3. 子どもたちが作ったマンガを整理し，場面ごとに集約し，グループ分をコピーして配布する。 4. グループ毎に，マンガを見ながらルール作りを行う。	作品の中から，シチュエーションがわかりやすいものを選び，それらをテーマ毎にあつめて，印刷し配布する。
宿泊学習で困らないためのルールをつくろう。	
①個人でルールを作る。 ②グループ内で自分の作ったルールを発表し，評価しあう。 ③評価の高かったルールを全体で発表し，まとめる。	評価の方法としては，ルールに対する感想を述べ合う等のやりかたもあるが，話し合いに不慣れな児童が多かったため，本実践では，単に「素晴らしい」「いまいち」等のカードを提示させる方法を用いた。

演習問題

1. この章で紹介された実践事例の中から１つを選び，［実］などのマークがなぜ付けられているのか，それぞれの箇所について，その理由を考え説明せよ。

2. 実践事例を１つ選び，自分でも実践できるようにするための案を考えよ。ただし，情報活用能力の８要素（1-3 節の図中の８要素）のうち，少なくとも必ず２つを含むこと。

3. 実践事例を１つ選び，情報活用能力を育成する上で，より良い実践になるようにするには，どのように改善すべきか案を考え，説明せよ。

学習支援ソフトウェア紹介（1） Kneading Board（ニーディングボード：略称 KB）———

Kneading Boardの意味は，パンやパスタの生地などをこねるときに使う「こね板」のことです。「Kneading Board（略称：KB*）」は，“みんな”で板の上でアイディアをこねまわして，素晴らしいアイディアに練り上げていくための協調学習支援ソフトです。KBにログインすると，マウスの動きから付箋に書き込まれたアイディアに至るまで，互いの様子を画面上で把握できます。これまでにはなかったコミュニケーションや振り返りが可能になるのです。

しかしKBは，PC上で協調学習を完結させることだけを目的としてはいません。KBがきっかけとなって，対面による話し合い活動が活発になる授業も期待しているソフトです。KBを活用することを通して，PC上で，そして対面で，児童・生徒の次の活動が活性化されます。

- 意見やアイディアを出し合う
  ☞ 付箋に書き出し，どんどん貼り付けていく。付箋を整理したり，まとめていく。
- 意見やアイディアを比べ合う
  ☞ 書き出されたものを比べていく。
- 自分とは異なる意見やアイディアを吟味する
  ☞ 他者と何が同じで，何が違うのかを把握し，その原因について考える。
- その中から，今まで気づかなかったことに気づいたり，それらが刺激となって，新しい意見やアイディアを発想する
  ☞ 普段の活動ではなかなか，思いつかないことでも，アイディアをみんなで練り上げることで，どんどん思いつくことができる。

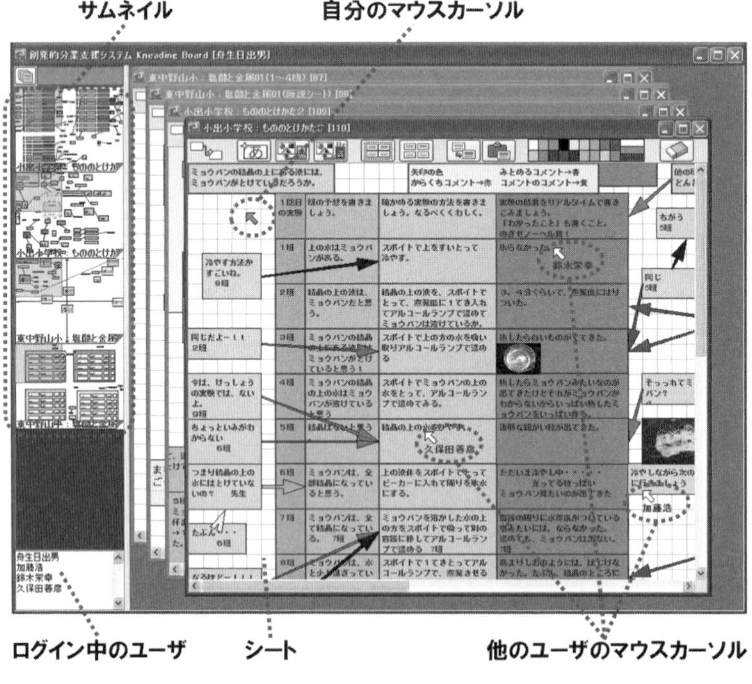

* KBを動かすのに必要なのは，ネットワークでつながった児童・生徒用PCとサーバです。サーバはKB3-KNOPPIXを使えば，自分で簡単に作ることが可能です。より手軽に使いたい場合には，インターネット上にあるサーバを利用することができます。もう一つ重要なのが，KBを起動する生徒用PCに，JAVAがインストールされていることです。これは無料でダウンロードでき，簡単にインストールできます。詳細は，http://kb.umegumi.net/ をご覧ください。

◉ KBの効果的活用

いつ，どんな場面でKBを活用すると効果的なのでしょうか。KBは，これまで慣れ親しんでいるワープロソフトや表計算ソフトとは違った特性のソフトです。KBの以下の特性を理解して，活用の方向性を探りましょう。

1） 情報をリアルタイムに共有できます

KBの最大の特徴は「同期型」であり，同時に作業している他のユーザの情報をリアルタイムに共有できることです。そのため，他のユーザの文字入力の様子やマウスカーソルの動きまで，自分のPC画面上で確認することができます。

つまり，多くのメンバーの情報をリアルタイムに比較し合うことで，学習が深まる授業に向いています。またそれによって，他者と協調して学習を作り上げようとする態度の育成や協同的な学習集団作りに役立ちます。

2） 付箋を作り，自由に動かすことができます

児童・生徒が作った付箋（KBでは「文字ノード」と呼びます）を自由に動かしたり，グループ化したりできます。

つまり，アイディアを文字ノードにどんどん書き出して，それらをグルーピングしながらまとめていく「KJ法」のように，アイディアをKBに書き出し，それを整理するような授業に向いています。

3） 概念地図やマインドマップが簡単に作成できます

概念地図（コンセプトマップ）やマインドマップは，単語と単語をリンク（線や矢印）でつなぐことで，児童・生徒が自身の理解状況を表現するための地図です。KBは，文字ノードどうしをリンクでつなぐことができるので，それらを簡単に作ることが可能です。

つまり，概念地図やマインドマップを書くことによって，学習のまとめをする時，また，教師が児童・生徒の理解状況を把握したい時などに向いています。

4） KBシート上の活動は記録され，再生できます

文字ノードを作ったり動かしたりした活動は，すべてサーバに自動で記録されています。この記録を使って，過去の動きを再生し，確認することが可能です。

つまり，自分の活動や友人との協調活動を振り返り，次の時間をより良いものにしようとする授業に向いています。同時に，振り返る力（メタ認知）の向上を図ることができます。

◉ KBを活用した授業改善

KBの特性を理解して授業をデザインすることで，効果的な授業改善を図ることができます。現在，多くの先生方がKBによる授業改善を進めています。それらの事例から活用のイメージを作って，具体的に，授業の改善案や単元計画，指導案を考えてください*。

---

* http://kb.umegumi.net/ で授業実践事例を紹介しています。

学習支援ソフトウェア紹介（2）VoicingBoard（ボイシングボード：略称VB）

VoicingBoard（略称：VB*）は，マンガを描くことをとおして考えを深めることを支援する道具です。与えられた社会問題について自分の意見をまとめたり，人に伝えたりする時のことを想像してみてください。ただ自分の思いを強く主張するだけではダメですね。説得力のある意見を構成するには，その問題に関わっている人々（たとえば，賛成している人，反対している人，被害を受けている人，利益を得ている人……）の意見や感情，背後の関係を想像して，それらの人々の声に回答し，声と声の間の対立を解いていかなくてはなりません。つまり，自分の頭の中に多くの人の声を取り込んで，それらの声と会話するように考える必要があるのです。

自分の考えをマンガで表現することは，このような対話的思考の訓練になります。なぜなら，マンガは登場人物とそのセリフによって構成される表現形態だからです。マンガを描く中で，学習者は，その問題に「誰」が関係していて，「どんな声」を発しているか，また，それらの人々が「どのような関係」にあるのかを否応なく考えることになります。そして，ストーリーを組み立てる中で，それらの声と対話し，それらの声を取り込んだ意見を構成していくことになります。

このような，思考訓練のためのマンガ描画を支援するのがVBです。VBにログインすると，空白の4コマと登場人物のリストが現れます。登場人物を選んでドラッグ＆ドロップすることで，その人物をコマ上に置くことができます。コマの上に置かれた登場人物には自動的に吹き出しが付きます。学習者は，自分が描きたいと思っているマンガのイメージにあった登場人物をコマ上に配置し，そのセリフを書き入れることでマンガを作っていきます。VBには次のような機能もあります。

●吹き出しの種類を変える　●背景画を指定する　●コマを増やしたり減らしたりする
●マンガをスライドショーのように表示する　●２つのマンガを並べて比べる

* VBを動かすのに必要なのは，インターネットにつながった児童・生徒用PCです。Flashプレイヤーがインストールされた Webブラウザがあれば，どんなOSでも利用できます。詳細は，http://vb.umegumi.net/ をご覧ください。

◉ VB の効果的活用

いつ，どんな場面で VB を活用すると効果的なのでしょうか。VB は，表面的には単なるマンガ描画ソフトですが，前に説明したような思想的背景を持っています。対話的思考の支援という VB が目指すゴールを理解して活用の方向性を探りましょう。以下に，VB を使った活動の構成例を示します。

1） 登場人物とセリフの設定

VB では，登場人物の絵を選ぶことで簡単にマンガを構成できます。登場人物の絵は実践者が設定することができますが，あらかじめ用意されている登場人物の絵はどんな人物にも見立てが可能なような抽象度で描かれています。

まず，自分の主張・意見に関連する登場人物とその人が言いそうなセリフをコマの中に入れていきます。その時，どんな登場人物が関係していそうか，その人はどんな表情で，どんな口調で意見を言っていそうかについて想像力を働かせるように指示します。加えて，吹き出しの種類によって言葉のニュアンスが変わること。また，一人の人物に二つの吹き出しを表示することで「建前と本音」のような二面性が表現できる点も学習者に伝えます。

2） ストーリーの構成

VB のコマは 20 コマまで増やせます。背景画を自分で設定することも可能です。これらの機能を利用して，自分の主張・意見が人々に受け入れられるようなマンガのストーリーを構成します。自分と人々の対話をうまく調整しながら，ストーリーの流れをつくるよう指示します。この時，自分にとって都合のよい人だけでなく，敵対する人もうまくストーリーに組み込むように促します。そのために証拠を整えたり，妥協案を出したりしながら，なんとかわかってもらうように考えていくことが重要です。場合によっては，自分の主張が崩壊するようなストーリーを作ったり，他の学習者とマンガを交換して互いのマンガに登場人物を追加しあったりすることも考えられます。

3） 振り返りと修正

マンガが完成したら，それを見ながらリフレクション（振り返り）を行います。そのストーリーで本当によいのか？ストーリーを構成する中で無視してしまった人はいないか？登場人物が都合のよいセリフだけを言わされていないか？といったことに注意しながら，アイデアを再度吟味するように指示します。

スライドショー機能を使ってマンガをクラスの皆にみせながら説明をしたり，2 画面モードを使って自分のマンガと他の学習者のマンガを比較したりすることも効果的です。このような再検討をとおして主張・意見を修正させます。

◉ VB を活用した授業実践

さまざまな意見を考慮しながら考えをまとめるような活動や，コミュニケーションのあり方を改善するような活動に VB は適しています。現在，現場の先生方によって VB を使ったさまざまな授業実践が試みられています。皆さんも，本書掲載の活用事例（3-14）を参考に，VB を使った授業改善案や単元計画，指導案を考えてください。

第 4 章　これからの時代と情報教育

4-1　より善く生きるための情報活用

◉情報教育の歴史

ここでは，我が国における情報教育の歴史を眺め，情報機器の活用を中心に時代ごとの「情報活用」の性質について考えていきます。

情報教育は，コンピュータの伸展とともに，歴史を刻んでいます。日本では 1960 年代後半から，情報処理の機械としてのコンピュータが企業において普及し始めました。例えば，給与計算など，それまではソロバンを弾いて人間が処理していた業務の大部分を，電子計算機としてのコンピュータが肩代わりするようになっていきました。それに伴い，専門教育としての情報教育，言い換えれば「情報処理教育」が始まったのです。しかしこれはあくまでも，情報処理の知識や技術を教育するものでした。

この時代の情報活用は，割り切っていえば，「手順通りであるならば，誰が処理をしても同じ結果が得られる」ものであり，そして，「その結果は，誰が見ても同じ解釈しかできない」ものであったといえます。なぜなら，情報処理の結果が多義的であっては，電子計算機としてのコンピュータは成り立たないからです。

その後，教育におけるコンピュータの活用である CAI（Computer Assisted Instruction）のブームが到来します。CAI の中心は，コンピュータが教師の替わりに教授活動を行い，個別指導を実現するというチュートリアル型であったといってよいでしょう。この型では，教えるための内容や，確認のための問題，ヒントなどを「フレーム」と呼ばれる画面の単位に切り分け，それらを構造化して教材を構成します。そして，コンピュータが学習者に対して，フレームを順番に提示し，問題の正答や誤答に応じて，次の内容に進んだりヒントを出したりして，教授活動が進められます。これは「コンピュータが教える」タイプの利用方法であるといえるものです。1970 年代では，国立教育研究所や大阪大学，香川大学，東京教育大学（現・筑波大学）などで実験や研究が進められました。その後，いくつかの小・中学校でも CAI の実践がなされ，1985 年以降，まだまだ数は少なかったものの全国規模で，CAI コースウェアが作成され，実践されるに至りました。しかし，コースウェアの作成に手間がかかることや，個別対応に限界があるなどの問題を解決できなかったため，徐々にすたれていきます。また，多くの選択問題や計算問題に答えさせ，採点結果やヒントを提示するドリル型も，ソフトウェアとしての構造が単純であることもあり，この頃から利用されています。これらの型は，後述する利用法に押されてその後は下火になりました。しかしそれらの基本は，インターネットの普及とともに一般化しつつある，現在の e-Learning に受け継がれているといってよいでしょう。

子どもたちが学習の道具として利用するコンピュータ活用も，この頃から見られ始めました。まず，コンピュータを試行錯誤的に操作しながら，規則や法則を見出す利用法では，赤堀（1993）が紹介するように，天体シミュレーションを用いて「事実の観察→規則の推論→規則の確認→規則の検証」を行い帰納的に学習する「コンピュータで学ぶ」タイプの利用法が見られました。また，タートル（コンピューター上で動くカメ）に方向や移動距離に関する命令を与えるLOGOを用いた実践（戸塚, 1989）のように，コンピュータに与えた命令がどのように実行されるのか，その挙動を観察することを通して学習する「コンピュータに教える」タイプの利用法も見られました。これらは，コンピュータならではの効果を発揮しているといえるでしょう。

次に，表現の道具として利用するコンピュータ活用も，1980年代後半以降，パソコンがマルチメディアに対応し始め，富士通のFM-TOWNSやNECのPC-9821シリーズ，AppleのMacintoshなどが発売されたこともあり，広がりを見せました。カード型のマルチメディアを簡単に作成できるHyperCardや，子どもでも簡単に楽しめるキッドピクスなどの描画ソフトを使った表現活動（苅宿, 1995; 中川, 1997）は当時，教育現場における先進的なコンピュータ利用の在り方として，さかんに紹介されました。

そして1995年以降，インターネットが普及し始めると，「コンピュータで表現する・交流する」実践が行われ始めました。学級や学校が，ホームページ（Webページ）で情報を公開したり，電子掲示板（BBS: Bulletin Board System）や電子会議室，メール，メーリングリスト，チャットを用いて遠隔地にある学校間で交流するなどの実践が見られました。

近年では，情報機器の発展に伴い，教室内における電子黒板（電子情報ボード）やプロジェクタを使ったプレゼンテーション活動も，盛んに取り入れられつつあります。

このように，表現や交流のためにコンピュータを使うようになると，情報の活用の仕方も，「相手を意識する情報活用」に変わってきました。なぜなら「十人十色」のように，「表現は，その人によって異なる」し，「表現されたものに対する解釈は，見聞きする人によって異なる」からです。このことは，ただ漠然と情報を処理するのではなく，情報活用に当たって，何のためにどのように情報を扱うのか，さまざまな観点から考えることの必要性を意味します。

さらに，インターネットの普及が進み，家庭においても一般化が進むと，インターネットやコンピュータは，児童・生徒にとってもはや当たり前の道具となりました。WWW（World Wide Web）が進化し，マルチメディアのプラットフォームとして文字や静止画だけでなく，音声や動画，動的なコンテンツなども利用できるようになっています。それとともに，テレビや新聞，ラジオの機能も取り込みつつあります。

社会現象としては，WWWの初期の段階から広く利用されている電子掲示板では，「2ちゃんねる」のようなサブカルチャー的BBSも産み出されているほか，出会い系サイトのような問題も生じています。

情報活用の点から特筆すべきは，検索エンジンでしょう。ホームページなどで公開された情報は，検索エンジンを通して活用しやすくなりました。インターネットが登場する前であれば，図書館などを利用して丹念に調査する必要がありましたが，現在は，インターネット上に公開されている情報であれば，検索エンジンによってかなり素速く検索することが可能です。しかしそうした便利さは，他人の情報を剽窃（無断・違法で利用）する「コピペ」問題を学校教育の中においても惹起しました。

また，ファイル共有ソフトも同様に著作権問題を引き起こしていますし，ホームページやBBS，ブログ，TwitterなどWWWベースの利用形態は，プライバシーや人権，肖像権などの問題と深く関わっています。

これらの点を踏まえて，情報教育の中で情報モラルを大きく扱うことが求められたのです。インターネットは既に情報機器としてだけではなく，メディアとしての機能を果たしています。インターネットを，伝達・交流のメディアとして考えると，電子メールやメーリングリスト，チャットには，パーソナルメディアとしての，ブログ，Twitter，Facebook，2ちゃんねる，YouTube，ニコニコ動画などにはマスメディアとしての側面があります。後者について考えると，一昔前ではテレビや新聞，ラジオでしかなし得なかった不特定多数にメッセージを送ることが，インターネットを利用することで事実上，一個人でも可能になっているのです。

このように，表現や交流の範囲が広くなったことから，「公を意識する情報活用」の考え方が重要になったといえるでしょう。なぜなら，自身の表現が影響し得る範囲はもはや特定少数だけではなく，不特定多数に広がっているからです。しかも，限られた範囲に対して発言したつもりが，些細なミスにより，何千人，何万人の耳目に触れることもあり得るからです。ネット上では，悪気のないちょっとした発言も，受け取る人によってはその中に悪意を見出すこともあります。世間でいう「炎上」や「祭り」はその典型でしょう。

この点を考えると，情報モラルやメディアリテラシーが児童・生徒だけではなく，現代人にとって不可欠であることは，いうまでもないことでしょう。

◉情報活用の原点

先述したように，インターネットが当たり前の道具となった現在では「公を意識する情報活用」が重要です。しかし，情報教育を考える上で，子どもたちに初めから，まだ見知らぬ誰かにまで思いをはせるのは難しいでしょう。「世間一般」や「あるカテゴリーの人たち」といった見方より，既に知っている身の回りの人たちを具体的に思い描く方が，メッセージや情報を発信したり受け取ったりする上で，本物性（真正性）は高く，より実感できると考えられるからです。つまり，「相手を意識する情報活用」が情報活用の原点であり，そこから始めて「公を意識する情報活用」へと発展させていくことが不可欠であるといえるでしょう。

また，これまでの章で見てきたように，「広義の情報活用」は即ち，「人間の知的活動」であるといえます。人は人々との関わりの中で生きていくことから，情報活用に際しては先述の「相手」や「公」を意識せざるを得ません。例えば2-6の「偽手紙事件」のように，特にメッセージ性が高い場合，周囲への影響は大きく，その結果として，自身への影響も大きなものとなります。2-7での著作権に関する説明で述べられたように，他との関わりを基本とし，1章で眺めた関係論的能力観に基づいて，常に他者への眼差しを忘れないことが重要です。

このように「相手を意識すること」，もっといえば，相手がどのように考えるのか，自分だったらどのように感じるのか，嬉しいのか，悲しいのか，楽しませるのか，辛い思いをさせるのか，より善い方向に誘うのか，悪い方へと引きずり下ろすのか，それらを十分に考えてより善く振る舞うことが情報活用の原点です。

◉情報モラルの必要性

子どもたちが簡単にインターネットに触れることができるようになると，出会い系サイトの悪用や，ネット上のやりとりに端を発する傷害・殺傷など，インターネットをきっかけとしたさまざまな事件が見られるようになりました。こうした状況を背景として，2000年代に入ったあたりから，情報モラルの必要性が叫ばれ始めました。

たとえば，堀田（2004）は情報モラルとメディアに焦点を当て，「メディアとのつきあい方学習」という概念を提唱しています。情報機器を活用して～が「できる・できない」といった観点では不十分であり，情報機器を活用して～を「やるべき・やるべきでない」といった判断ができるようになることの重要性が強調されています。

なぜなら，一個人でも不特定多数に情報（メッセージ）を発信でき，数多の人々による玉石混淆の情報（メッセージ）に容易にアクセスできてしまうインターネットはまさに，「両刃の剣」だからです。賢く使いこなすことができれば，知識を増やしたり人々の交流を促進し，それらを通して社会を向上させていくという，より善い生き方につながります。しかし一方で，悪い使われ方もされているのが現状です。

そのための学校での対応としては，とってつけたようなものが少なくありません。たとえば，2-7で述べられた「Don't lists」のような「やるべきでないことを羅列したガイドライン」の習得であったり，仮想チャット体験のようなものを短時間で実施するものもあります。しかも，統合パッケージに附属した1本のソフトのような，ありがちでありきたりなエピソードで疑似体験させて終わってしまうこともあります。しかし，それらはあくまでも「本物性」を欠いた偽物に過ぎません。「頭でわかっている」のと，「実際に行動できる」のとでは雲泥の差があり，あくまでも本物にこだわって情報モラル教育を実践することは重要です。

しかし，危険なものに不用意に触れさせることで，かえって危険な目に遭わせてしまうことを懸念する「寝た子を起こさない」という考え方もあります。「〜をしてはいけません」と伝えてしまうことで，「〜」の存在に気づき，かえってそうした使い方に誘ってしまいかねないからです。凶悪事件や有名人の自殺などがニュースで報じられた後で，その模倣が相次ぐような負の連鎖からもそうした危険性は容易に想像できるでしょう。そうはいうものの，子どもたちは成長し，社会と関わっていく中で，必ずそうした物事に触れていくものです。家庭内や学校内ではホワイトリストによって，インターネット接続を優良サイトに限定することができるかもしれません。しかしたとえば，アクセス制限をされていない友人の家に行ったり，大学入学とともに一人暮らしを始めるなど，「保護区」の外に出てしまったときに，悪影響のあるサイトに容易にアクセスできてしまいます。そのとき免疫のない子どもたちは，どうなってしまうのでしょうか。

つまり，「寝た子を起こす」のか「起こさない」のかを考えるとき，彼らがまだ使い方を知らない「両刃の剣」を，どの時点で，どのように手渡すのか，その配慮が重要です。その一例として，本物性に迫りつつも配慮した鈴木らによる中学生を対象とした実践（2005）があります。この実践ではまず，生徒らはハンドルネームによる電子掲示板への書き込みを練習します。次に，大学生ボランティアによる「荒らし行為」を経験します。この「荒らし行為」では，相手が中学生であることを配慮し，大学生ボランティアには，実践の主旨や作業内容の説明，注意事項を事前に徹底しています。しかし，本質的には嫌がらせ行為であり，予想外の心の傷を与えてしまいかねません。ですが，「本物性（真正性）」を担保するために，そうした危険性を完全には排除してはいません。最後に，生徒らはまとめを行い，「荒らし行為」に注目して活動を振り返りました。この時，ボランティアからのメッセージシートを配布して彼らの素性を生徒らに明かすとともに，ボランティアからのビデオレターを視聴しました。これは，生徒らの掲示板を「荒らし」たボランティアたちと，生徒らの関係を回復するための措置であり，「安全性」を確保するための手段です。また，このようにすることで，「荒らし行為」の書き込み内容と実際の人物とのギャップを認識し，匿名電子掲示板上のコミュニケーションの難しさや面白さを感じ取ることができるのです。

4-2　情報活用の不易と流行

◉情報活用の流行

情報活用の在り方は，情報手段・機器の発展に伴い，移り変わっていきます。不特定多数に発信される情報は，インターネットが登場する以前は，権威があるものや裏付けのあるものが多くを占めていました。しかし，インターネットによって一般市民でも容易に情報を発信できるようになると，単なる私的な感想や根拠のない主観的な意見までもが，多くの人たちの目に触れるようになりました。WWW 系のサービスでは，HP（ホームページ）に始まり，掲示板，ブログ，mixi などの SNS，そして，Twitter や Facebook と，また，2 ちゃんねる，ニコニコ動画など，新たなサービスが続々と登場し，それらは人々のライフスタイルにも少なからず影響を与えています。

たとえば，Twitter では，iPhone などのスマートフォンなどの普及と相まって，思い立ったその場で「つぶやく」ことができます。それによって，同じ場所にいない仲間どうしで体験や思いを共有することができます。また，災害発生時には，情報共有の手段として威力を発揮します。しかし，何気ない「つぶやき」がそのままネット上に流れてしまい，「公」の場では慎むべき事柄が衆目にさらされてしまうこともあります。Twitter をして「バカ発見器」と称する向きもありますが，言い得て妙な表現です。

ともあれ，情報手段・機器は時々刻々と発展し，その流行に影響されて人々の暮らしも変わっていくのです。

◉情報活用の不易

しかしながら，情報手段・機器がどのように変わろうとも，より善く生きるためであるという「情報活用の目的」は不動であり，不易でしょう。何のための道具か，何のための情報活用かをしっかり位置付けることが重要になります。この点を逃すと，情報活用の流行に流されるばかりでなく，主体性がなくなってしまいかねません。

「相手」や「公」を意識し，他者との関係を重んじることの重要性はこれまで述べてきました。しかし，そのことは，周囲に対して単に同調することを意味しているわけではありません。周囲に対して言うべきは言う，周囲が何と言おうと，「良いもの・良いこと」は「良い」と，「悪いもの・悪いこと」は「悪い」と言い切れる強さがなければ，付和雷同です。今日のように，ネットを通じて簡単に他者と関われる，もしくは，関わった気になれる状況では，「確固とした自己」「屹立した自己」が求められているといえるでしょう。

たとえば，Yahoo! では，一部の記事に対して「コメント欄」が設けられ，ユーザ登録した読者が自由にコメントを書き込むことができます。また，コメントの一覧は，ユーザ登録していない読者も閲覧可能で，それぞれのコメントに付けられた「そう思う」「そう思わない」ボタンをクリックすることで，コメントに対して賛意や反意を示すことができます。このような仕組みは，賢い市民が使いこなせば，たとえば，政治に関する問題について，多くの市民が参加して議論することが可能です。しかし，実際のコメントを眺めると，次のような，問題のあるコメントが少なからず見られます。

- 自身の単なる好悪に基づいてどうでもよい言葉を連ねているだけである
- 根拠の無い単なる非難中傷がいとも簡単に，コメントとして載せられている
- しかも，元々の記事とは関係のない非難中傷があったり，そうした内容をコピー＆ペーストして他のさまざまな記事でも，コメントとして貼り付けている
- 一つのコメント中に複数の事柄に関する記述があり，ある事柄に対しては賛成でも，別の事柄に対しては反対であるような場合，このボタンは意味をなさない

これらのようなコメントを，一つひとつ吟味せずに，全体をただ漠然と判断してしまうと，根拠のない記述を鵜呑みにして誤った認識をもってしまったり，多くの人たちが「そう思う」としているというだけで自分もそう思ってしまうことになりかねません。

メディアリテラシーの観点からいえば，世論調査や，ニュース番組における街の声の扱い方も同様です。世論調査では，無作為抽出を基本としているものの，回答者は固定電話を受けられる人たちに限られていることに注意すべきです。その上，質問の仕方がかなり誘導的であることも少なくありません。ニュース番組では，2-10で見たように，街頭インタビューの結果は制作者側の意図によって編集されていることを忘れてはいけないのです。そのため，実際の声や感覚とずれていることも少なくありません。

また，2-8の末尾では「メール中毒」について触れましたが，携帯を常に持ち歩き，送られてきたメールに可及的すみやかに返信するという「即レス症候群」（加納, 2009）の問題も指摘されています。「友達」関係を維持するために，常に「つながっていなければならない」という感覚に陥って携帯メールのやりとりに気を取られ，落ち着いて考えたり行動することができず，日常生活に支障を来してしまうのです。この問題の可能性は，メッセージを頻繁にやりとりすることが可能な，Twitter や Facebook にも当てはまるでしょう。

さらに，四六時中インターネットを操作していないと気が済まないネット中毒や，それに起因する「引きこもり」の問題もあります。インターネットでの交流やネット上のオンラインゲームにはまってしまい，普通に生活できなくなってしまうこともあります。もちろん，たわいもないやりとりをしたり，ジャンクな情報に触れたり，非生産的な活動に時間を費やすことは，息抜きとしては重要でしょう。しかし度を超すと，退廃，虚無，厭世といった方へと自身を追いやってしまうことを忘れてはいけません。

このように，何のための道具か，何のための情報活用かをしっかり位置付けることは情報活用にとって不易のものです。「確固とした自己」「屹立した自己」を意識しながら，ネット上から良質な議論や意見を拾い上げたり，ネットを活用して社会を向上させるために連帯していくなど，より善い生き方につなげようとする態度が不可欠なのです。

4-3　情報活用能力から情報リテラシーへ

◉知識基盤社会の情報リテラシー

本書では，2-1節以降，『情報教育の手引き』を踏まえ，「情報活用能力」と表現してきました。しかしこれまで見てきたように，“ICT 活用の教育”のような狭い範囲ではなく，人の知的活動全般に関わる力として情報活用能力を捉えた時，それは生きる上で不可欠なものであることがわかります。そこで，本書の最後では，「情報活用能力」から「情報リテラシー」に表現を戻し，知識基盤社会の市民に求められる素養としての「情報リテラシー」を考えましょう。

「相手」「公」といった他者への意識をもち，他者と関わりつつ，決して周囲に流されることのない，主体的な自己に基づいた情報活用の重要性については，前節で述べた通りです。

情報の受け手としては，ネット上の玉石混淆の情報や，テレビなどのマスメディア，メールや Twitter なども含めて，主体的かつ多角的，批判的に判断し，情報に惑わされないことやだまされないことが重要です。また，受け取った情報が否定的であった場合には，それに一喜一憂することなく，建設的に行動する努力も不可欠でしょう。

情報の送り手としては，直接的な相手だけでなく，それを見ることのできる第三者をも想定して配慮することが必要です。しかし一方で，遠慮し過ぎたり，媚びてしまうようなことも避けるべきでしょう。なぜならそれらが過ぎると，表面的なコミュニケーションに留まってしまいかねないからです。仮に相手を傷つけてしまうことがあっても，できるだけすみやかに関係を回復できるような信頼を，普段から築いていくことの方がより重要でしょう。

また，悪い情報に接し，悪い生き方に流されている人を，善い方へと導くことも知識基盤社会では重要です。そうした状況を放置することは，回り回って，自分や周囲の大切な人々にも悪影響を及ぼしかねないからです。そのようにして，自身も，周囲の人たちも，さらには社会をも，より善くしていこうとするための手段が情報リテラシーであるといえるでしょう。

演習問題

1. インターネットに関連して発生した事件をいくつか調べてその中から1つ選びなさい。そして，その事件が，なぜ発生したのか，どのようにすれば防止できると考えられるかについて，1,000字程度で考察せよ。

2. 情報手段・機器について 1 つ選び，それが社会に与える影響について，1,000 字程度で考察せよ。

3. インターネット上から良質な議論や意見を拾い上げていくには，どのような観点が必要であるか。実際にテーマを 1 つ設定して，そうした活動を行った上で，1,000 字程度で説明せよ。

学習用図書・URL

【学習と教育に関する根本的な考え方について】

佐伯　胖（1997）.『新・コンピュータと教育』　岩波書店
（現在，絶版ですが，Amazon などで中古品を購入可能です。）

【情報活用能力関連】

赤堀侃司［編纂］（2011）.『21 世紀のICT 教育とその成功の秘訣』　高陵社書店
堀田龍也（2004）.『メディアとのつきあい方学習　実践編』　ジャストシステム
中川一史［監修］（2011）.『ICT 教育 100 の実践・実例集―デジカメ・パソコン・大型テレビ・電子黒板などを使った，今すぐ始められるICT 教育』　フォーラム・A

【メディアリテラシー関連】

菅谷明子（2000）.『メディア・リテラシー―世界の現場から』　岩波書店
鈴木みどり［編集］（2001）. メディア・リテラシーの現在と未来　世界思想社
鈴木みどり［編集］（2004）.『Study Guide メディア・リテラシー 入門編』　リベルタ出版

【著作権・肖像権関連】

文化庁長官官房著作権課　『学校における教育活動と著作権』（http://www.bunka.go.jp/chosakuken/hakase/pdf/gakkou_chosakuken.pdf）　2-7 で紹介されたURL です。
社団法人著作権情報センター『楽しく学ぼう著作権』（http://www.kidscric.com/）
社団法人著作権情報センター『著作権教育の実践事例』（http://www.cric.or.jp/jissenrei/jissenrei.html）
社団法人日本音楽事業者協会『肖像権について考えよう』（http://www.jame.or.jp/shozoken/）

参考文献

1-1

中央教育審議会（2005）.『我が国の高等教育の将来像（答申）』　中央教育審議会
（http://www.mext.go.jp/b_menu/shingi/chukyo/chukyo0/toushin/05013101.htm からも閲覧可能）

1-2

情報教育学研究会（IEC）・情報倫理教育研究グループ（2002）.『情報倫理』　実教出版
西端律子・林　英夫・山上通恵（2004）.『メディアリテラシー』　実教出版
山之口　洋（2009）.『第 8 章 メディアとのつきあい方－事実がどうか判断できる力を養う』　井田正道・和田　格［共編］『情報リテラシーテキスト』　培風館
今村哲也（2009）.『第 9 章 情報の利用と法を理解しよう一事例を通して著作権、肖像権などを学ぶ』　井田正道・和田　格［共編］『情報リテラシーテキスト』　培風館

1-3

文部科学省（2010).『教育の情報化に関する手引』 文部科学省（http://www.mext.go.jp/a_menu/shotou/zyouhou/1259413.htm からも閲覧可能）

1-4

佐伯 胖（1999).『マルチメディアと教育』 太郎次郎社

2-3

河西朝雄（1992).『C 言語によるはじめてのアルゴリズム入門』 技術評論社
Lafore, R. 著／岩谷 宏［訳］(1999).『Java で学ぶアルゴリズムとデータ構造』 ソフトバンクパブリッシング

2-4

文部科学省『国際学力調査』（http://www.mext.go.jp/a_menu/shotou/gakuryoku-chousa/sonota/07032813.htm）

4-1

文部科学省『「情報教育」の内容の充実について（議論用ペーパー）』(http://www.mext.go.jp/b_menu/shingi/chousa/shotou/027/shiryo/05012101/003.htm）
戸塚滝登（1989).『クンクン市のえりちゃんとロゴくん』 ラッセル社
赤堀侃司（1993).『学校教育とコンピュータ』 日本放送出協会
苅宿俊文（1997).『子ども・コンピュータ・未来』 ジャストシステム
中川一史（1995).『マックが小学校にやってきて、子どもたちはどうなったのか？』 アスキー出版局
堀田龍也（2004).『メディアとのつきあい方学習―「情報」と共に生きる子どもたちのために』 ジャストシステム
鈴木栄幸（2005).『第 8 章 2 節 不正書き込みボランティアを利用した匿名電子掲示板リテラシー教育―「荒らし行為」体験授業のデザインと実践』 加納寛子［編著］『実践情報モラル教育』 北大路書房，京都
村田育也（2010).『情報モラル教育のあり方－情報メディアの匿名性と個人性に着目して』 日本教育工学会研究報告集JSET **10**(2), pp.27-32

4-2

加納寛子（2009).『即レス症候群の子どもたち』 日本標準
加納寛子［編集］(2011).『現代のエスプリ 526 号 ネットいじめ』 ぎょうせい

索　引

著者紹介（執筆順・編者は＊）

加藤　浩（かとう ひろし）
放送大学　教養学部　教授

担当：1-1 執筆

舟生日出男＊（ふなおい ひでお）
創価大学　教育学部　教授

担当：1-2 ～ 1-4, 2-1, 2-3, 3-1, 学習支援ソフトウェア紹介（1），4-1 ～ 4-3 執筆

鈴木栄幸（すずき ひでゆき）
茨城大学　人文学部　教授

担当：2-5, 2-6, 2-9, 2-10, 学習支援ソフトウェア紹介（2）執筆

久保田善彦（くぼた よしひこ）
宇都宮大学　教育学部　教授

担当：3-5, 3-8, 3-9, 3-11 執筆、3 章とりまとめ

望月俊男（もちづき としお）
専修大学　ネットワーク情報学部　准教授

担当：2-2, 2-4, 2-7, 2-8 執筆

眞山和姫（まやま あき）
千葉県立袖ヶ浦高等学校　教諭

担当：イラスト（2-2 ～ 2-10）

教師のための情報リテラシー
知識基盤社会を生き抜く力を育てるために

2012 年　3 月 30 日　初版第 1 刷発行
2017 年　8 月 31 日　初版第 4 刷発行

編　者　舟生日出男
発行者　中西　良
発行所　株式会社ナカニシヤ出版
〒606-8161　京都市左京区一乗寺木ノ本町 15 番地
Telephone　075-723-0111
Facsimile　075-723-0095
Website　http://www.nakanishiya.co.jp/
Email　iihon-ippai@nakanishiya.co.jp
郵便振替　01030-0-13128

装幀＝白沢　正／印刷・製本＝創栄図書印刷

ISBN978-4-7795-0629-1